この巻《かん》のテーマは「基本的人権《きほんてきじんけん》の尊重《そんちょう》」です。

人権《じんけん》のすごいところは、「一人《ひとり》でも戦《たたか》える！」ということです。

一般《いっぱん》に、不当《ふとう》なことと戦《たたか》おうとするときには、たくさんの仲間《なかま》が必要《ひつよう》です。生徒会長《せいとかいちょう》や国《こっ》会議員《かいぎいん》の選挙《せんきょ》でも、当選《とうせん》するにはたくさんの人《ひと》に投票《とうひょう》してもらわなければなりません。

また、おかしな校則《こうそく》や法律《ほうりつ》を変《か》えるには、そのおかしさをたくさんの人《ひと》に知《し》ってもらって、「それを改《あらた》めよう」とみんなで決《き》めなくてはなりません。

これに対《たい》して、人権《じんけん》を守《まも》るための戦《たたか》いは、一人《ひとり》でもできます。人権《じんけん》は、人間《にんげん》であれば誰《だれ》もが持《も》っている権利《けんり》です。たとえ、人権《じんけん》を侵害《しんがい》されたのが、この世《よ》であなた一人《ひとり》だけだったとしても、友達《ともだち》にわかってもらえなくても、「私《わたし》の人権《じんけん》を奪《うば》うな！」と声《こえ》をあげられるのです。

人権《じんけん》のすごさとその大切《たいせつ》さを、この本《ほん》を読《よ》んで実感《じっかん》してもらえるとうれしいです。

木村《きむら》 草太《そうた》

ないとどうなる？日本国憲法

第2巻

自分らしく生きるために
～基本的人権の尊重～

「ある・なし」をくらべてわかる憲法の大切さ

監修 木村草太
（東京都立大学 教授）

Gakken

ないとどうなる？ 日本国《こく》憲《けん》法《ぽう》

もくじ

この本《ほん》の読《よ》み方《かた》

この本《ほん》は「日本国憲法《こくけんぽう》がないとき」と「日本国憲法《こくけんぽう》があるとき」の両方《りょうほう》の状況《じょうきょう》を比《くら》べることで、日本国憲法《こくけんぽう》に対《たい》する理解《りかい》を深《ふか》めるものです。各《かく》テーマにおいて、関連《かんれん》する条文《じょうぶん》があるとき・ないときを、イラストをまじえて解説《かいせつ》しています。

イラスト

憲法《けんぽう》がないキャラクターの世界《せかい》で、どのような困《こま》りごとやトラブルが生《しょう》じるかイメージしやすくなります。

本文

憲法《けんぽう》がない場合《ばあい》を考《かんが》える解説《かいせつ》です。小学生《しょうがくせい》にとって身近《みぢか》な例《れい》などを通《とお》して、憲法《けんぽう》がなかったときに何《なに》が起《お》きるか考《かんが》えることができます。

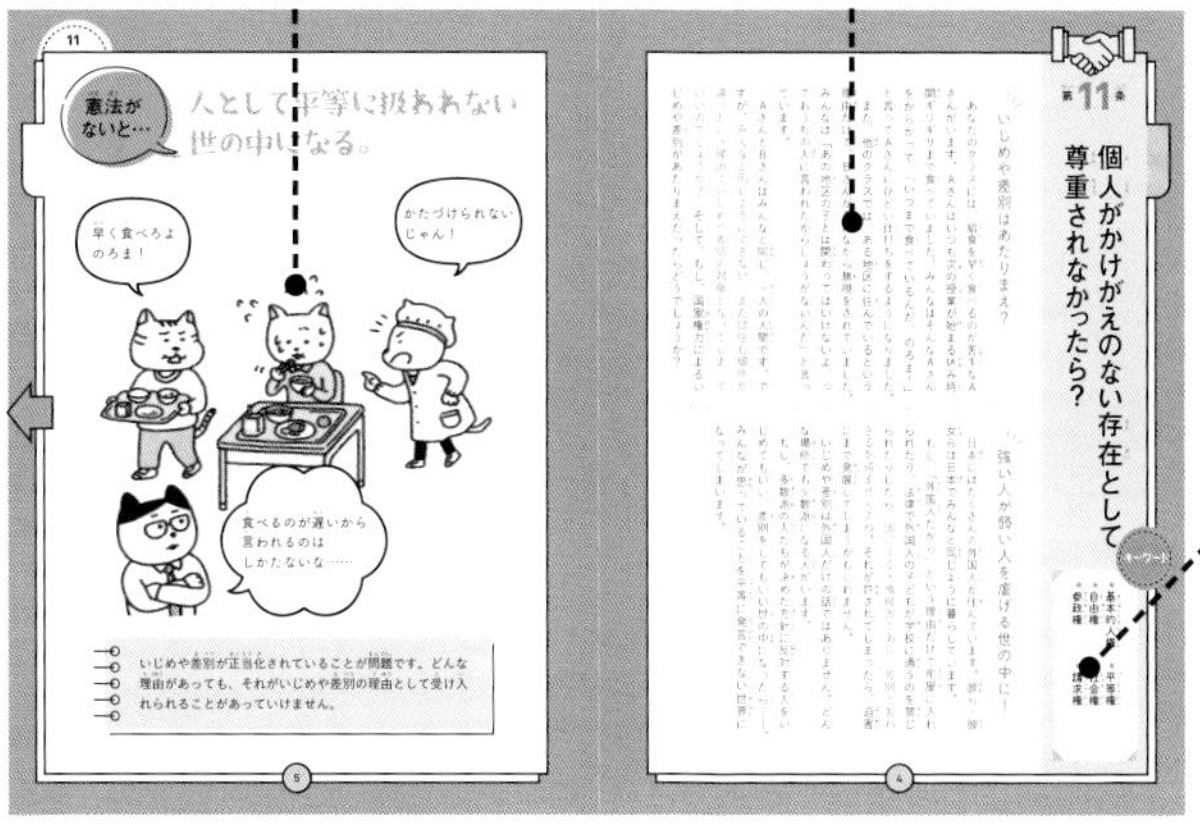

憲法がないと…
人として平等に扱われない世の中になる。
個人がかけがえのない存在として尊重されなかったら?

キーワード

このテーマと関連《かんれん》するキーワードが書《か》いてあります。興味《きょうみ》がある人《ひと》は、キーワードについて調《しら》べると理解《りかい》を深《ふか》めることができます。

本文

憲法《けんぽう》がある場合《ばあい》を考《かんが》える解説《かいせつ》です。実際《じっさい》に日本で暮《く》らす私《わたし》たちにとって、憲法《けんぽう》がどういった存在《そんざい》かを説明《せつめい》しています。

まとめ

各《かく》テーマで題材《だいざい》になった憲法《けんぽう》の概要《がいよう》や私《わたし》たちとのつながりをまとめています。

憲法があれば…
いじめや差別は許されないのがあたりまえ!
第11条 基本的人権の享有

イラスト

憲法《けんぽう》があるキャラクターの世界《せかい》で、私《わたし》たちの権利《けんり》や日々《ひび》の生活《せいかつ》が、憲法《けんぽう》によってどのように守《まも》られているのかが、身近《みぢか》な例《れい》を通《とお》して描《か》かれています。

本書《ほんしょ》の日本国憲法《こくけんぽう》の条文《じょうぶん》の内容《ないよう》について

本書《ほんしょ》に出《で》てくる日本国憲法《こくけんぽう》の条文《じょうぶん》は、小学生《しょうがくせい》にわかりやすく伝《つた》えるという観点《かんてん》で、原典《げんてん》から表現《ひょうげん》を一部《いちぶ》変更《へんこう》して記載《きさい》しています。あらかじめ、ご理解《りかい》・ご容赦《ようしゃ》いただけますよう、よろしくお願《ねが》い申《もう》し上《あ》げます。日本国憲法《こくけんぽう》の原典《げんてん》を確認《かくにん》したい方《かた》は、法令《ほうれい》データベース「e-Gov《イーガブ》法令検索《ほうれいけんさく》」などをご覧《らん》ください。

第《だい》11条《じょう》

個《こ》人《じん》がかけがえのない存《そん》在《ざい》として尊《そん》重《ちょう》されなかったら？

キーワード

- 基本的人権《きほんてきじんけん》
- 自由権《じゆうけん》
- 参政権《さんせいけん》
- 平等権《びょうどうけん》
- 社会権《しゃかいけん》
- 請求権《せいきゅうけん》

いじめや差《さ》別《べつ》はあたりまえ？

あなたのクラスには、給食《きゅうしょく》を早《はや》く食《た》べるのが苦手《にがて》なAさんがいます。Aさんはいつも次《つぎ》の授業《じゅぎょう》が始《はじ》まる休《やす》み時《じ》間《かん》ギリギリまで食《た》べていました。みんなはそんなAさんをからかって、「いつまで食《た》べているんだ、のろま！」と言《い》ってAさんにひどい仕《し》打《う》ちをするようになりました。また、他《ほか》のクラスでは、ある地《ち》区《く》に住《す》んでいるという理《り》由《ゆう》だけで、Bさんがみんなから無《む》視《し》をされていました。みんなは「あの地《ち》区《く》の子《こ》とは関《かか》わってはいけないよ、っておうちの人《ひと》に言《い》われたからしょうがないんだ」と言《い》っています。

Aさんとさんはみんなと同《おな》じ、一人《ひとり》の人間《にんげん》です。ですが、みんなと同じようにできない、または住む場所が違うという理由でいじめや差別の対象となってしまっていいのでしょうか？　そして、もし、国家権力《こっかけんりょく》によるいじめや差《さ》別《べつ》があたりまえだったらどうでしょうか？

強《つよ》い人《ひと》が弱《よわ》い人《ひと》を虐《しいた》げる世《よ》の中《なか》に！

日本にはたくさんの外国人《がいこくじん》が住《す》んでいます。彼《かれ》ら・彼《かの》女《じょ》らは日本でみんなと同《おな》じように暮《く》らしています。もし、「外国人《がいこくじん》だから」という理《り》由《ゆう》だけで牢《ろう》屋《や》に入《い》れられたり、法律《ほうりつ》で外国《がいこく》人《じん》の子《こ》どもが学校《がっこう》に通《かよ》うのを禁《きん》じられたりしたら、国による人権侵害であり、差別と言わざるを得ませんよね。それが許《ゆる》されてしまったら、迫害《はくがい》にまで発展《はってん》してしまうかもしれません。

いじめや差《さ》別《べつ》は外国人《がいこくじん》だけの話《はなし》ではありません。どんな場《ば》所《しょ》でも少数派《しょうすうは》になる人《ひと》がいます。

もし、多数派《たすうは》の人《ひと》たちが決《き》めた方針《ほうしん》に反対《はんたい》する人《ひと》をいじめてもいい、差《さ》別《べつ》をしてもいい世《よ》の中《なか》になったら……。みんなが思《おも》っていることを平等《びょうどう》に発言《はつげん》できない世界《せかい》になってしまいます。

憲法《けんぽう》がないと…

人《ひと》として平等《びょうどう》に扱《あつか》われない世《よ》の中《なか》になる。

早《はや》く食《た》べろよのろま！
かたづけられないじゃん！
食《た》べるのが遅《おそ》いから言《い》われるのはしかたないな……

いじめや差別《さべつ》が正当化《せいとうか》されていることが問題《もんだい》です。どんな理由《りゆう》があっても、それがいじめや差別《さべつ》の理由《りゆう》として受《う》け入《い》れられることがあっていけません。

憲法《けんぽう》があれば…

いじめや差別《さべつ》は許《ゆる》されないのがあたりまえ！

【第《だい》11条《じょう》　基本的人権《きほんてきじんけん》の享有《きょうゆう》※】

すべての国民《こくみん》が生《う》まれながらにもつ基本的人権《きほんてきじんけん》は、失《うしな》われることのない永久《えいきゅう》の権利《けんり》であり、これを侵《おか》すことはできません。

基本的人権《きほんてきじんけん》は、生《う》まれたときからみんなもっている

私《わたし》たちは豊《ゆた》かで人間《にんげん》らしい生活《せいかつ》が送《おく》れるように、生《う》まれながらに誰《だれ》にも侵《おか》されない権利《けんり》をもっています。それが基本的人権《きほんてきじんけん》です。日本国憲法《にほんこくけんぽう》の「第《だい》11条《じょう》　基本的人権《きほんてきじんけん》の享有《きょうゆう》」では、すべての国民《こくみん》に対《たい》してそれを保障《ほしょう》しています。つまり、**一人一人《ひとりひとり》はかけがえのない個人《こじん》として扱《あつか》われないといけない**ということです。

憲法《けんぽう》における基本的人権《きほんてきじんけん》は、大《おお》きく5つに分《わ》けることができます。すべての人間《にんげん》は平等《びょうどう》な存在《そんざい》であり平等《びょうどう》な扱《あつか》いを受《う》ける権利《けんり》である平等権《びょうどうけん》、国《くに》の権力《けんりょく》から不当《ふとう》に強制《きょうせい》や命令《めいれい》されることなく自由《じゆう》に物事《ものごと》を考《かんが》え行動《こうどう》できる権利《けんり》である自由権《じゆうけん》、人間《にんげん》らしい豊《ゆた》かな生活《せいかつ》を送《おく》る権利《けんり》である社会権《しゃかいけん》、政治《せいじ》に参加《さんか》する権利《けんり》である参政権《さんせいけん》、人権《じんけん》が侵《おか》された場合《ばあい》に救済《きゅうさい》を求《もと》める権利《けんり》である請求権《せいきゅうけん》があります。

4ページのようないじめや差別《さべつ》、迫害《はくがい》は平等権《びょうどうけん》の侵害《しんがい》にあたります。

考《かんが》え方《かた》が違《ちが》っても、みんながでることができなくても、住《す》んでいる場所《ばしょ》が違《ちが》っても、人種《じんしゅ》が違《ちが》っても、みんな同《おな》じ人間《にんげん》であり、みんなどこか他《ほか》の人《ひと》と違《ちが》った一面《いちめん》をもつ個人《こじん》です。したがって、**どんな人《ひと》でもいじめ・差別《さべつ》をされていい理由《りゆう》はありません。**

しかし、基本的人権《きほんてきじんけん》が憲法《けんぽう》で保障《ほしょう》されていても、いじめや差別《さべつ》の問題《もんだい》はまだまだ残《のこ》っています。もしかすると、あなたの身近《みぢか》にもいじめや差別《さべつ》を受《う》けている人《ひと》がいるかもしれません。

もし、その場面《ばめん》をあなたが見《み》かけたら、この憲法《けんぽう》の内容《ないよう》を思《おも》い出《だ》してみましょう。そして、「いじめや差別《さべつ》を許《ゆる》していい理由《りゆう》なんて一《ひと》つもないんだよ」と優《やさ》しく教《おし》えてあげましょう。あなたも、自分《じぶん》がされて嫌《いや》なこと（人権《じんけん》が侵《おか》されるようなこと）は、他《ほか》の人《ひと》にもしないようにしましょうね。

※享有《きょうゆう》…権力《けんりょく》や能力《のうりょく》といった形《かたち》のないものを、生《う》まれながらにして身《み》につけ、もっていること。

まとめ

ひとこと条文《じょうぶん》：第《だい》11条《じょう》　基本的人権《きほんてきじんけん》の享有《きょうゆう》

概要《がいよう》：人《ひと》は、生《う》まれながらに侵《おか》すことのできない永久《えいきゅう》の権利《けんり》として、基本的人権《きほんてきじんけん》をもっている。

つながり：この憲法《けんぽう》があることで、どんな理由《りゆう》でもいじめや差別《さべつ》を正当化《せいとうか》することはできず、みんなが平等《びょうどう》であることがあたりまえとなる。

第《だい》**13**条《じょう》

基本的人権《きほんてきじんけん》を理由《りゆう》に、自分《じぶん》の権利《けんり》を主張《しゅちょう》しすぎると……

キーワード

- 個人《こじん》の尊重《そんちょう》
- 公共《こうきょう》の福祉《ふくし》

何《なに》をしても許《ゆる》される?

第《だい》11条《じょう》で定《さだ》められているように、基本的人権《きほんてきじんけん》はみんなが生《う》まれながらにもっている権利《けんり》です。その基本的人権《きほんてきじんけん》の中《なか》には、個人《こじん》の自由《じゆう》を保障《ほしょう》する自由権《じゆうけん》が含《ふく》まれています。誰《だれ》にも強制《きょうせい》されることなく、自由《じゆう》に物事《ものごと》を考《かんが》えたり行動《こうどう》したりしていいわけです。

しかし、本当《ほんとう》に何《なに》をしてもいいのでしょうか?

Aさんはふだん、学校《がっこう》に通《かよ》っています。いつも時間《じかん》ギリギリに学校《がっこう》に着《つ》くため、先生《せんせい》に注意《ちゅうい》されてばかりいます。

「遅刻《ちこく》しないようにするためにいい方法《ほうほう》はないかなぁ」

そう思《おも》ったAさんは、ある日《ひ》、名案《めいあん》を思《おも》いつきました。

「そうだ、学校《がっこう》の前《まえ》の道路《どうろ》にテントを建《た》てて、そこで寝《ね》泊《と》まりすれば遅刻《ちこく》せずに済《す》むぞ!」

個人《こじん》がもつ自由《じゆう》の権利《けんり》は誰《だれ》にも侵《おか》されてはいけません。

しかし、みんなが使《つか》う場所《ばしょ》での自分勝手《じぶんかって》な行動《こうどう》は、誰《だれ》かに迷惑《めいわく》をかけていないでしょうか?

権利《けんり》の衝突《しょうとつ》によってトラブルに……

基本的人権《きほんてきじんけん》は強《つよ》く守《まも》られなければなりません。では、みんなが自分勝手《じぶんかって》に行動《こうどう》するようになってしまったらどうでしょう?

例《たと》えば、自由権《じゆうけん》では住《す》む場所《ばしょ》や職業《しょくぎょう》の選択《せんたく》の自由《じゆう》が保障《ほしょう》されています。しかし、自由《じゆう》に住《す》む場所《ばしょ》を決《き》められるからといって、他人《たにん》の土地《とち》に勝手《かって》に家《いえ》を建《た》ててもいいでしょうか。また、自由《じゆう》に職業《しょくぎょう》を選《えら》べるからといって、十《じゅう》分《ぶん》に専門《せんもん》知識《ちしき》がなく免許《めんきょ》をもたない人《ひと》が医者《いしゃ》として治療《ちりょう》してもいいでしょうか。

前者《ぜんしゃ》の場合《ばあい》、自分《じぶん》の土地《とち》に勝手《かって》に家《いえ》を建《た》てられた人《ひと》は「人《ひと》の土地《とち》に勝手《かって》に家《いえ》を建《た》てるな!」と言《い》って裁判《さいばん》を起《お》こすかもしれません。また、後者《こうしゃ》の場合《ばあい》、命《いのち》や健康《けんこう》に危《き》険《けん》がおよぶことになりかねません。

このように、憲法《けんぽう》で保障《ほしょう》されている権利《けんり》でも、他人《たにん》の権利《けんり》と衝突《しょうとつ》してしまいトラブルになる可能性《かのうせい》があります。

憲法《けんぽう》がないと…

人《ひと》に迷惑《めいわく》をかけてしまい、人権侵害《じんけんしんがい》・トラブルになる。

個人《こじん》の権利《けんり》は保障《ほしょう》されているといえども、他人《たにん》に迷惑《めいわく》をかけていることが問題《もんだい》です。自分《じぶん》の自由《じゆう》ばかりを考《かんが》え主張《しゅちょう》していると、トラブルのきっかけになる可能性《かのうせい》があります。

みんなが尊重《そんちょう》し合《あ》うことで、トラブルを防《ふせ》げる!

【第13条《だいじょう》　個人《こじん》の尊重《そんちょう》・幸福追求権《こうふくついきゅうけん》・公共《こうきょう》の福祉《ふくし》】

すべての国民《こくみん》は個人《こじん》として尊重《そんちょう》されますが、憲法《けんぽう》は他人《たにん》の権利《けんり》を侵《おか》さない範囲《はんい》において、その権利《けんり》を保障《ほしょう》します。

国民《こくみん》の権利《けんり》は公共《こうきょう》の福祉《ふくし》に反《はん》しない範囲《はんい》で認《みと》められる

すべての国民《こくみん》は個人《こじん》として尊重《そんちょう》されていますが、日本国憲法《こくけんぽう》の「第《だい》13条《じょう》 個人《こじん》の尊重《そんちょう》・幸福追求権《こうふくついきゅうけん》・公共《こうきょう》の福祉《ふくし》」によって、**他《ほか》の人《ひと》の権利《けんり》を侵害《しんがい》しない範囲《はんい》での個人《こじん》の尊重《そんちょう》が保障《ほしょう》されています。**なぜなら、みんなが自分《じぶん》の権利《けんり》を無制限《むせいげん》に行使《こうし》することによる権利《けんり》の衝突《しょうとつ》（トラブル）が起《お》こらないようにするためです。憲法《けんぽう》では、すべての人《ひと》の人権《じんけん》がバランスよく保障《ほしょう》されるように、人権《じんけん》と人権《じんけん》の衝突《しょうとつ》を調整《ちょうせい》するための公平《こうへい》の原理《げんり》を「公共《こうきょう》の福祉《ふくし》」と呼《よ》んでいます。

公共《こうきょう》の福祉《ふくし》によって制限《せいげん》されている人権《じんけん》には、次《つぎ》のようなものがあります。

・表現《ひょうげん》の自由《じゆう》（プライバシーを侵害《しんがい》する行為《こうい》、他人《たにん》の名誉《めいよ》を傷《きず》つける行為《こうい》の禁止《きんし》）
・集会《しゅうかい》の自由《じゆう》（届《とど》け出《で》をせずに道路《どうろ》などの公共《こうきょう》の場所《ばしょ》で行《おこな》うデモ活動《かつどう》の禁止《きんし》）
・職業選択《しょくぎょうせんたく》の自由《じゆう》（医師《いし》や美容師《びようし》など資格《しかく》がないとできない職業《しょくぎょう》に就《つ》く人《ひと》の無免許《むめんきょ》での営業《えいぎょう》の禁止《きんし》）
・居住《きょじゅう》・移転《いてん》の自由《じゆう》（重大《じゅうだい》な伝染病《でんせんびょう》や感染症《かんせんしょう》にかかった人《ひと》から他《ほか》の人《ひと》への感染《かんせん》を防《ふせ》ぐために強制的《きょうせいてき》に入院《にゅういん》させたり、移動《いどう》を制限《せいげん》したりすることがある）

人《ひと》が二人《ふたり》以上《いじょう》いる限《かぎ》り、人権《じんけん》はどこかでぶつかるおそれが生《しょう》じます。しかし、お互《たが》いに話《はな》し合《あ》って解決策《かいけつさく》を見《み》出《いだ》すことで人権《じんけん》の衝突《しょうとつ》を防《ふせ》ぐことができます。

例《たと》えば、喫煙者《きつえんしゃ》が禁煙者《きんえんしゃ》の前《まえ》ではたばこを吸《す》わないことや、感染症《かんせんしょう》の流行《りゅうこう》によって飲食店《いんしょくてん》を時短営業《じたんえいぎょう》にすること、夜《よる》に大《おお》きな音《おと》の出《で》る楽器《がっき》を弾《ひ》かないことなど、これらはすべて他人《たにん》のために、がまんした人《ひと》がいるからこそトラブルにならなかった例《れい》です。

すべての人《ひと》が自由《じゆう》に幸《しあわ》せを追求《ついきゅう》する中《なか》で、他《ほか》の個人《こじん》が損害《そんがい》を受《う》けないように、この憲法《けんぽう》は個人《こじん》を守《まも》っているのです。

まとめ

ひとこと条文《じょうぶん》：第《だい》13条《じょう》 個人《こじん》の尊重《そんちょう》・幸福追求権《こうふくついきゅうけん》・公《こう》共《きょう》の福祉《ふくし》

概要《がいよう》：すべての国民《こくみん》の権利《けんり》は、公共《こうきょう》の福祉《ふくし》に反《はん》しない限《かぎ》り、尊重《そんちょう》される。

つながり：他《ほか》の人《ひと》の迷惑《めいわく》にならないように、まわりの人《ひと》に配慮《はいりょ》しながら行動《こうどう》しよう。

第《だい》14条《じょう》 ―1項《こう》―

平等《びょうどう》であることがあたりまえじゃなかったら？

キーワード
- 平等権《びょうどうけん》
- 法《ほう》の下《もと》の平等《びょうどう》

同《おな》じ学校《がっこう》の生徒《せいと》なのに……

「スクールカースト」という言葉《ことば》を聞《き》いたことがありますか？　学校《がっこう》の中《なか》で自然《しぜん》に生《う》まれる生徒間《せいとかん》での序列《じょれつ》・階《かい》層《そう》のことです。本来《ほんらい》、人《ひと》には上《うえ》も下《した》もありませんが、仮《かり》に、ある小学校《しょうがっこう》でこのような序列《じょれつ》が生《う》まれてしまったときのことを考《かんが》えてみましょう。

クラスでは控《ひか》えめなAさんとその友《とも》だちが休《やす》み時間《じかん》にサッカーをしようと、教室《きょうしつ》に一《ひと》つしかないボールを持《も》ってグラウンドに行《い》こうとしていました。そこに、限《かぎ》られた生徒《せいと》しかもっていないバッジを付《つ》けたBさんたちが次《つぎ》のようなことを言《い》いました。

「僕《ぼく》たちは普通《ふつう》の生徒《せいと》たちよりもえらいから、そのボールを僕《ぼく》たちに譲《ゆず》るように」

同《おな》じ学年《がくねん》の他《ほか》の子《こ》たちもBさんのようにバッジを付《つ》けている子《こ》には逆《さか》らえません。同《おな》じ学校《がっこう》の生徒《せいと》なのに……生徒《せいと》の間《あいだ》に上下関係《じょうげかんけい》があるなんて、おかしな話《はなし》です。

好《す》きな場所《ばしょ》に住《す》めない、好《す》きな仕事《しごと》ができない！

こんな理不尽《りふじん》な社会《しゃかい》が学校《がっこう》の外《そと》にも広《ひろ》がっていたらどうでしょうか。Aさんは仕事《しごと》を求《もと》めて地元《じもと》から都会《とかい》に引《ひ》っ越《こ》したいと思《おも》い、不動産屋《ふどうさんや》さんに向《む》かいました。しかし、「あなたの身分《みぶん》では、この家《いえ》を貸《か》すことはできません」と言《い》われてしまいました。特定《とくてい》の身分《みぶん》の人《ひと》は好《す》きな場所《ばしょ》・好《す》きな家《いえ》に住《す》めないなんて、不平等《ふびょうどう》です。

また、Bさんの場合《ばあい》は、「代々《だいだい》、うちの家《いえ》は政治家《せいじか》の家系《かけい》だから、あなたも政治家《せいじか》にならないといけない」と親《おや》から決《き》められてしまいました。保育士《ほいくし》になりたかったBさんは、その夢《ゆめ》を諦《あきら》めなければなりませんでした。

このように、同《おな》じ国民《こくみん》であるにもかかわらず、家系や出身地などで差別されたり、住まいや仕事が制限されたりしてしまっては、平等権の侵害になってしまいます。

憲法《けんぽう》がないと…

人《ひと》によって、自由《じゆう》に選《えら》べる範囲《はんい》が違《ちが》ってしまう。

部屋《へや》を借《か》りたいのですが…
あなたの身分《みぶん》では貸《か》せません
ダメダメ

同《おな》じ人間《にんげん》なのに、人《ひと》によって許《ゆる》されていることが違《ちが》ったり、自由《じゆう》に選択《せんたく》できる範囲《はんい》が違《ちが》ったりしては不公平《ふこうへい》です。これは、基本的人権《きほんてきじんけん》の平等権《びょうどうけん》を侵《おか》していることになります。

憲法《けんぽう》があれば…

どんな生《う》まれでも、平等《びょうどう》に法律《ほうりつ》が適用《てきよう》される！

【第《だい》14条《じょう》1項《こう》　法《ほう》の下《もと》の平等《びょうどう》】

すべての国民《こくみん》には同《おな》じ内容《ないよう》の法律《ほうりつ》が、同《おな》じように適用《てきよう》されます。そのため、人種《じんしゅ》や性別《せいべつ》、家系《かけい》や出身地《しゅっしんち》などによって差別《さべつ》をされることはありません。

すべての国民《こくみん》は法《ほう》の下《もと》に平等《びょうどう》である

12ページのようなことにならないように、日本国憲法《こくけんぽう》では、「第《だい》14条《じょう》1項《こう》　法《ほう》の下《もと》の平等《びょうどう》」を定《さだ》めています。

この条文《じょうぶん》では、人種《じんしゅ》・信条《しんじょう》・性別《せいべつ》・家系《かけい》などに関係《かんけい》なく、すべての人《ひと》に等《ひと》しく法律《ほうりつ》が適用《てきよう》されることが示《しめ》されています。

また、法律《ほうりつ》が定《さだ》める権利《けんり》や義務《ぎむ》自体《じたい》が、あらゆる人《ひと》にとって平等《びょうどう》であることも定《さだ》めています。

明治《めいじ》時代《じだい》に公布《こうふ》された大《だい》日本帝国憲法《ていこくけんぽう》では、身分《みぶん》差別《さべつ》（皇族《こうぞく》・華族《かぞく》・平民《へいみん》）や男女《だんじょ》差別《さべつ》にあたる規定《きてい》がありました。

そのため、身分《みぶん》や性別《せいべつ》によって政治《せいじ》に参加《さんか》する権利《けんり》が与《あた》えられなかったり、入学《にゅうがく》のための試験《しけん》を受《う》けずに入学《にゅうがく》することができる人《ひと》がいたりしました。

これに代《か》わった日本国憲法《こくけんぽう》では、第《だい》13条《じょう》で定《さだ》められているように、一人一人《ひとりひとり》はかけがえのない個人《こじん》として扱《あつか》われること（個人《こじん》の尊重《そんちょう》）が保障《ほしょう》されています。

第《だい》14条《じょう》は、この個人《こじん》の尊重《そんちょう》の考《かんが》え方《かた》を実現《じつげん》するために、あらゆる個人《こじん》が同《おな》じ身分《みぶん》として法《ほう》によって分《わ》け隔《へだ》てなく対応《たいおう》されることを保障《ほしょう》しているのです。

(!) 関連《かんれん》する条文《じょうぶん》…第《だい》18条《じょう》　奴隷的拘束及《どれいてきこうそくおよ》び苦役《くえき》からの自由《じゆう》

第《だい》14条《じょう》1項《こう》に近《ちか》い内容《ないよう》が第《だい》18条《じょう》に出《で》てきます。第《だい》18条《じょう》の内容《ないよう》は

「どんな人《ひと》も奴隷《どれい》のように拘束《こうそく》されたり、望《のぞ》まない仕事《しごと》を押《お》し付《つ》けられたりすることはない」

というものです。

この背景《はいけい》には、過去《かこ》に奴隷《どれい》として扱《あつか》われた人々《ひとびと》がいたという歴史《れきし》があります。やりたいことができず、苦《くる》しい仕事《しごと》を強《し》いられる状況《じょうきょう》は、人権《じんけん》が守《まも》られているとはいえません。

今後《こんご》、このような状況《じょうきょう》をつくらないよう、第《だい》18条《じょう》や第《だい》14条《じょう》の内容《ないよう》を思《おも》い出《だ》して、他人《たにん》の人権《じんけん》を大切《たいせつ》にする気持《きも》ちをもっておきましょう。

まとめ

ひとこと条文《じょうぶん》：第《だい》14条《じょう》1項《こう》　法《ほう》の下《もと》の平等《びょうどう》

概要《がいよう》：すべての国民《こくみん》には、同《おな》じ内容《ないよう》の法律《ほうりつ》が平等《びょうどう》に適《てき》用《よう》される。

つながり：人種《じんしゅ》や性別《せいべつ》、出身地《しゅっしんち》や家系《かけい》などによって、住《す》まいや職業《しょくぎょう》などの選択《せんたく》の幅《はば》が変《か》わることはない。

第《だい》19・20条《じょう》

みんなと同《おな》じ考《かんが》えじゃないといけなかったら？

キーワード

- 思想《しそう》の自由《じゆう》
- 良心《りょうしん》の自由《じゆう》
- 信教《しんきょう》の自由《じゆう》

常識《じょうしき》に反《はん》する考《かんが》えをもつ人《ひと》は逮捕《たいほ》だ！

多《おお》くの人《ひと》は地球《ちきゅう》が丸《まる》いことを知《し》っています。教科書《きょうかしょ》や本《ほん》には丸《まる》い姿《すがた》で載《の》っていますし、宇宙《うちゅう》から撮《と》った写真《しゃしん》には丸《まる》い地球《ちきゅう》が映《うつ》し出《だ》されています。しかし、ふだん生活《せいかつ》している上《うえ》では「地球《ちきゅう》は丸《まる》い」なんて実感《じっかん》しませんね。

Aさんは、いくらみんなが「地球《ちきゅう》は丸《まる》い」と言《い》っても、実際《じっさい》に自分《じぶん》の目《め》で見《み》たわけではないからと信《しん》じていません。Aさんは、地球《ちきゅう》のどこかには端《はし》っこがあると証明《しょうめい》したいと思《おも》っていたある日《ひ》、警察官《けいさつかん》が来《き》て

「あなたは地球《ちきゅう》が平面《へいめん》だと考《かんが》えているね？　国《くに》が地球《ちきゅう》は球体《きゅうたい》と信《しん》じているんだから、あなたの考《かんが》えは国《くに》に反《はん》しています」

と言《い》ってAさんを逮捕《たいほ》してしまいました。

もしも国《くに》によって個人《こじん》の考《かんが》えが管理《かんり》・制限《せいげん》されていたら、私《わたし》たちに自由《じゆう》に考《かんが》える権利《けんり》はなくなりそうです。

この宗教《しゅうきょう》以外《いがい》は認《みと》めません！

もしも国《くに》が個人《こじん》の考《かんが》えを管理《かんり》していたら、他《ほか》にもこんなことが起《お》こるかもしれません。

世界《せかい》にはたくさんの宗教《しゅうきょう》があって、日本でもさまざまな宗教《しゅうきょう》を信仰《しんこう》する人《ひと》がいます。また、特定《とくてい》の宗教《しゅうきょう》を信仰《しんこう》しない人《ひと》も数多《かずおお》くいます。そんな中《なか》で、突然《とつぜん》「今日《きょう》からこの国《くに》の宗教《しゅうきょう》を〇〇教《きょう》に定《さだ》めます。他《ほか》の宗教《しゅうきょう》を信仰《しんこう》することは認《みと》めません。また、信仰《しんこう》しないことも許《ゆる》しません」という宣言《せんげん》が出《だ》されました。これによって、国民《こくみん》は嫌《いや》でも〇〇教《きょう》の儀式《ぎしき》や行事《ぎょうじ》に参加《さんか》させられたり、決《き》められた服装《ふくそう》を強制《きょうせい》されたりするようになりました。もし〇〇教《きょう》を信仰《しんこう》していないことが国《くに》に知《し》られたときは、罰《ばつ》を受《う》けることになってしまいました。

このように、特定《とくてい》の思想《しそう》や宗教《しゅうきょう》を国《くに》によって押《お》し付《つ》けられると、枠から外《はず》れた考えをもつ人や国に従わない人は、罰せられる世《よ》の中《なか》になってしまいます。

憲法《けんぽう》がないと…

考《かんが》えや宗教《しゅうきょう》を強制《きょうせい》されたり、受《う》け入《い》れないと罰《ばっ》せられたりする。

地球《ちきゅう》は平面《へいめん》になっているんだ！
そんなでまかせを考《かんが》えるやつは逮捕《たいほ》だ！

目《め》には見《み》えない、頭《あたま》の中《なか》で考《かんが》えていることを管理《かんり》・制限《せいげん》しようとしていることが問題《もんだい》です。最悪《さいあく》の場合《ばあい》、「この人《ひと》はこんな風《ふう》に考《かんが》えていて危険《きけん》だ！」と嘘《うそ》をでっちあげられてしまうことになりかねません。

憲法《けんぽう》があれば…

自分《じぶん》の考《かんが》えは他人《たにん》に侵《おか》されない！

僕《ぼく》の考《かんが》えによるとね
地球《ちきゅう》は本当《ほんとう》は
平面《へいめん》なんだよ
へえ〜
私《わたし》はそう思《おも》わないけど
考《かんが》えるのは自由《じゆう》だよね

【第《だい》19条《じょう》　思想《しそう》及《およ》び良心《りょうしん》の自由《じゆう》】

頭《あたま》の中《なか》で考《かんが》えていることは自由《じゆう》です。他人《たにん》の思想《しそう》を制限《せいげん》・管理《かんり》することはできません。

【第《だい》20条《じょう》　信教《しんきょう》の自由《じゆう》】

宗教《しゅうきょう》を信《しん》じるも信《しん》じないも自由《じゆう》です。そのため、宗教上《しゅうきょうじょう》の儀式《ぎしき》や行事《ぎょうじ》に強制的《きょうせいてき》に参加《さんか》させられることはありません。

自由《じゆう》に考《かんが》えたり、自由《じゆう》に信仰《しんこう》することは人間《にんげん》がもつ権利《けんり》である

16ページのようなことにならないように、日本国憲法《にほんこくけんぽう》では、「第《だい》19条《じょう》　思想及《しそうおよ》び良心《りょうしん》の自由《じゆう》」が保障《ほしょう》されています。頭《あたま》の中《なか》でどのように考《かんが》えようとも、誰《だれ》しもそれを制限《せいげん》したり禁止《きんし》したりすることは許《ゆる》されません。心《こころ》の内《うち》で考《かんが》えている分《ぶん》には個人《こじん》の自由《じゆう》なのです（内心《ないしん》の自由《じゆう》）。

人《ひと》の考《かんが》えというものは、目《め》に見《み》えるものではありません。そのため、「あなたの考《かんが》えはこうだ！」とする行為《こうい》は、何《なん》の確証《かくしょう》もない、ただの決《き》めつけにすぎません。

もし、本当《ほんとう》にそう考《かんが》えていたとしても、行動《こうどう》によって他人《たにん》の人権《じんけん》を侵《おか》していない場合《ばあい》は、罪《つみ》に問《と》うことはできません。

したがって、自分《じぶん》が考《かんが》えていることについて、他《ほか》の人《ひと》から言《い》いがかりをつけられたり、またそれによって逮捕《たいほ》されたりすることはあり得《え》ないのです。

また、日本国憲法《にほんこくけんぽう》は、個人《こじん》が信《しん》じたい宗教《しゅうきょう》を信仰《しんこう》する自由《じゆう》と、どんな宗教《しゅうきょう》も信仰《しんこう》しなくてもよい自由《じゆう》である「第《だい》20条《じょう》　信教《しんきょう》の自由《じゆう》」を保障《ほしょう》しています。

今《いま》から五百年《ごひゃくねん》ほど前《まえ》のヨーロッパでは、キリスト教《きょう》の中《なか》のある一派《いっぱ》の教《おし》えが、よい生《い》き方《かた》とされていました。しかし、宗教改革《しゅうきょうかいかく》によって新《あら》たな一派《いっぱ》が生《う》まれると、両者《りょうしゃ》は対立《たいりつ》するようになりました。その結果《けっか》、異《こと》なる宗教《しゅうきょう》を信仰《しんこう》する人《ひと》どうしが百年《ひゃくねん》ものあいだ争《あらそ》い合《あ》う悲惨《ひさん》な宗教戦争《しゅうきょうせんそう》に発展《はってん》しました。

このできごとから、人《ひと》が何《なに》を信仰《しんこう》するかを自由《じゆう》に決《き》める権利《けんり》をもつことは、宗教戦争《しゅうきょうせんそう》のような争《あらそ》いを再《ふたた》び起《お》こさないことにつながると考《かんが》えられています。

考《かんが》えたり信仰《しんこう》したりすることは、個人《こじん》がもつ自由権《じゆうけん》の一《ひと》つです。そのため、私《わたし》たちは友《とも》だちの考《かんが》えを無理《むり》やり聞《き》き出《だ》したり、自分《じぶん》の考《かんが》えを押《お》し付《つ》けたりしてはいけないのです。

まとめ

ひとこと条文《じょうぶん》：第《だい》19条《じょう》　思想及《しそうおよ》び良心《りょうしん》の自由《じゆう》
第《だい》20条《じょう》　信教《しんきょう》の自由《じゆう》

概要《がいよう》：思想《しそう》や信教《しんきょう》は個人《こじん》の自由《じゆう》である。

つながり：他人《たにん》に頭《あたま》の中《なか》を支配《しはい》されることはないので、自由《じゆう》に考《かんが》えることができる。

第《だい》23条《じょう》

学《まな》べることが制限《せい げん》されていたら……

自由《じゆう》に研究《けんきゅう》してはいけないの？

小学校《しょうがっこう》では、国語《こくご》・算数《さんすう》・理科《りか》・社会《しゃかい》・英語《えいご》など、たくさんの教科《きょうか》を勉強《べんきょう》します。中学校《ちゅうがっこう》・高校《こうこう》に進《すす》むと、それらをもっとくわしく勉強《べんきょう》することになります。

その中《なか》で、自分《じぶん》の興味《きょうみ》のある分野《ぶんや》や将来《しょうらい》なりたいもののために、大学《だいがく》という場所《ばしょ》でさらにくわしい勉強《べんきょう》をする人《ひと》もいます。大学《だいがく》では、文学《ぶんがく》・経済学《けいざいがく》・法学《ほうがく》・医学《いがく》・工学《こうがく》など、たくさんの学問《がくもん》を学《まな》ぶことができます。

「薬《くすり》についてもっと勉強《べんきょう》して、将来《しょうらい》は薬剤師《やくざいし》になる」と思《おも》ったAさんは、大学《だいがく》の薬学部《やくがくぶ》に進学《しんがく》しました。薬《くすり》の研究《けんきゅう》に励《はげ》んでいたある日《ひ》、警察官《けいさつかん》が来《き》て「薬学《やくがく》は毒薬《どくやく》の研究《けんきゅう》につながりかねないので、この学問《がくもん》を禁止《きんし》します」と告《つ》げられ、逮捕《たいほ》されてしまいました。

また、ロケットの研究《けんきゅう》をしていたBさんも、「ロケットの技術《ぎじゅつ》は、ミサイルの開発《かいはつ》に応用《おうよう》できる」という理由《りゆう》で、研究《けんきゅう》を禁止《きんし》され、逮捕《たいほ》されました。

もちろん、二人《ふたり》とも毒薬《どくやく》の開発《かいはつ》もミサイルの開発《かいはつ》も行《おこな》っていません。このように、少《すこ》しでも危険《きけん》が考《かんが》えられるだけで学問《がくもん》が禁止《きんし》されると、どうなるでしょうか。

生活《せいかつ》は今《いま》より豊《ゆた》かにならない？

例《たと》えば、薬学《やくがく》はさまざまな病気《びょうき》を治《なお》す薬《くすり》について深《ふか》く学《まな》ぶ学問《がくもん》です。そのため、大学《だいがく》などの研究機関《けんきゅうきかん》では、これまで治《なお》すことができなかった病気《びょうき》の薬《くすり》の開発《かいはつ》などを行《おこな》ったり、その副作用《ふくさよう》について研究《けんきゅう》したりして、人《ひと》が安《あん》全《ぜん》に薬《くすり》を服用《ふくよう》できるように努《つと》めています。

もし、薬学《やくがく》が禁止《きんし》されたら、不治《ふじ》の病《やまい》とされている病《びょう》気《き》をこの先《さき》もずっと治《なお》すことはできないでしょうし、現《げん》在《ざい》使《つか》われている副作用《ふくさよう》の重《おも》い薬《くすり》の代《か》わりになる薬《くすり》が現《あらわ》れることもないでしょう。

このように、学問《がくもん》の禁止《きんし》は、人々《ひとびと》の生活《せいかつ》に遠《とお》からず結《むす》びつきます。新たな発見や開発がないと、私たちの生活が今より豊かになることはありません。

キーワード

- 学問《がくもん》の自由《じゆう》
- 教育《きょういく》を受《う》ける権利《けんり》

憲法《けんぽう》がないと…

知識《ちしき》や技術《ぎじゅつ》が更新《こうしん》されず、人々《ひとびと》の悩《なや》みが解決《かいけつ》されない。

毒薬《どくやく》になりうる薬《くすり》の研究《けんきゅう》につながるから逮捕《たいほ》だ！

ロケットの技術《ぎじゅつ》はミサイルに応用《おうよう》できるから逮捕《たいほ》だ！

人《ひと》の役《やく》に立《た》つための研究《けんきゅう》を行《おこな》っていても、「危険《きけん》な研究《けんきゅう》につながるから」と禁止《きんし》されてしまっては、何《なに》も研究《けんきゅう》することができなくなってしまいます。

憲法《けんぽう》があれば…

新《あたら》しい知識《ちしき》や技術《ぎじゅつ》の発《はっ》展《てん》により生活《せいかつ》が豊《ゆた》かに！

【第《だい》23条《じょう》　学問《がくもん》の自由《じゆう》】

何《なに》を研究《けんきゅう》するか、それを発表《はっぴょう》するか、学問《がくもん》（研究《けんきゅう》）をどう教《おし》えるかは個人《こじん》の自由《じゆう》です。

何《なに》を・どんな方法《ほうほう》で学《まな》んでもOK！

日本国憲法《こくけんぽう》では、「第《だい》23条《じょう》 学問《がくもん》の自由《じゆう》」が保障《ほしょう》されています。小学生《しょうがくせい》でも中学生《ちゅうがくせい》でも、大学生《だいがくせい》でも研究者《けんきゅうしゃ》でも、誰《だれ》でも自由《じゆう》に学《まな》び研究《けんきゅう》する権利《けんり》が認《みと》められています。したがって、虫《むし》や人間《にんげん》、その他《ほか》の動物《どうぶつ》、植物《しょくぶつ》、歴史《れきし》、政治《せいじ》、宗教《しゅうきょう》、美術《びじゅつ》、社会《しゃかい》、情報《じょうほう》、言語《げんご》、薬《くすり》、宇宙《うちゅう》など……。さまざまなことについて、あなたが何《なに》を調《しら》べても誰《だれ》も文句《もんく》は言《い》えません。

あなたは、人《ひと》が何《なん》のために学《まな》ぶのかを考《かんが》えたことはありますか？

もちろん、人《ひと》それぞれの考《かんが》えはありますが、学問《がくもん》を学《まな》ぶ意義《いぎ》の一《ひと》つとしては、**今《いま》の生活《せいかつ》をより豊《ゆた》かにし、利益《りえき》や得《とく》を増《ふ》やすこと**だと言《い》えるでしょう。

私《わたし》たちの家庭《かてい》にあたりまえにある電気《でんき》や洗濯機《せんたくき》、冷蔵庫《れいぞうこ》、掃除機《そうじき》も最初《さいしょ》からあったわけではありません。多《おお》くの研究者《けんきゅうしゃ》がさまざまな考《かんが》えをめぐらせ、思考《しこう》と実験《じっけん》をくり返《かえ》す中《なか》で、つまり学問《がくもん》が発達《はったつ》する中《なか》で生《う》み出《だ》された産物《さんぶつ》なのです。

学問《がくもん》の研究《けんきゅう》によって新《あら》たな発見《はっけん》があり、それを活用《かつよう》した技術《ぎじゅつ》が、日々《ひび》生《う》み出《だ》されているのです。

関連《かんれん》する条文《じょうぶん》…第《だい》26条《じょう》 教育《きょういく》を受《う》ける権利《けんり》

この第《だい》23条《じょう》と深《ふか》く関係《かんけい》して、私《わたし》たち国民《こくみん》には、「第《だい》26条《じょう》 教育《きょういく》を受《う》ける権利《けんり》」があります。これは、出身地《しゅっしんち》や性別《せいべつ》、お金持《かねも》ちかどうかなどに関《かか》わらず、個人《こじん》の学《まな》ぶ機会《きかい》を保障《ほしょう》する権利《けんり》です。貧《まず》しい家庭《かてい》の子《こ》どもでも教育《きょういく》が受《う》けられるよう、すべての子《こ》どもは9年間《ねんかん》の義務教育《ぎむきょういく》のあいだ、無償《むしょう》で授業《じゅぎょう》を受《う》けることができます。

子《こ》どもたちは自分《じぶん》で考《かんが》える力《ちから》を伸《の》ばしつつ、社会《しゃかい》の中《なか》で自立《じりつ》して生《い》きていくことを学《まな》ぶ必要《ひつよう》があるため、最低《さいてい》限学《げんまな》ぶべきことが決《き》められています。しかし、何《なに》をどのように考《かんが》えるかという学《まな》びは個人《こじん》の自由《じゆう》にゆだねられているのです。

まとめ

ひとこと条文《じょうぶん》：第《だい》23条《じょう》 学問《がくもん》の自由《じゆう》

概要《がいよう》：学問《がくもん》を研究《けんきゅう》する活動《かつどう》において、他人《たにん》から干渉《かんしょう》や制限《せいげん》を受《う》けない。

つながり：好《す》きなこと・興味《きょうみ》のあることについて、自《じ》分《ぶん》が好《す》きな方法《ほうほう》で研究《けんきゅう》できる。また、それを発表《はっぴょう》することや、どのように教《おし》えるかも自由《じゆう》。

コラム

有名人《ゆうめいじん》にプライバシーはないの？

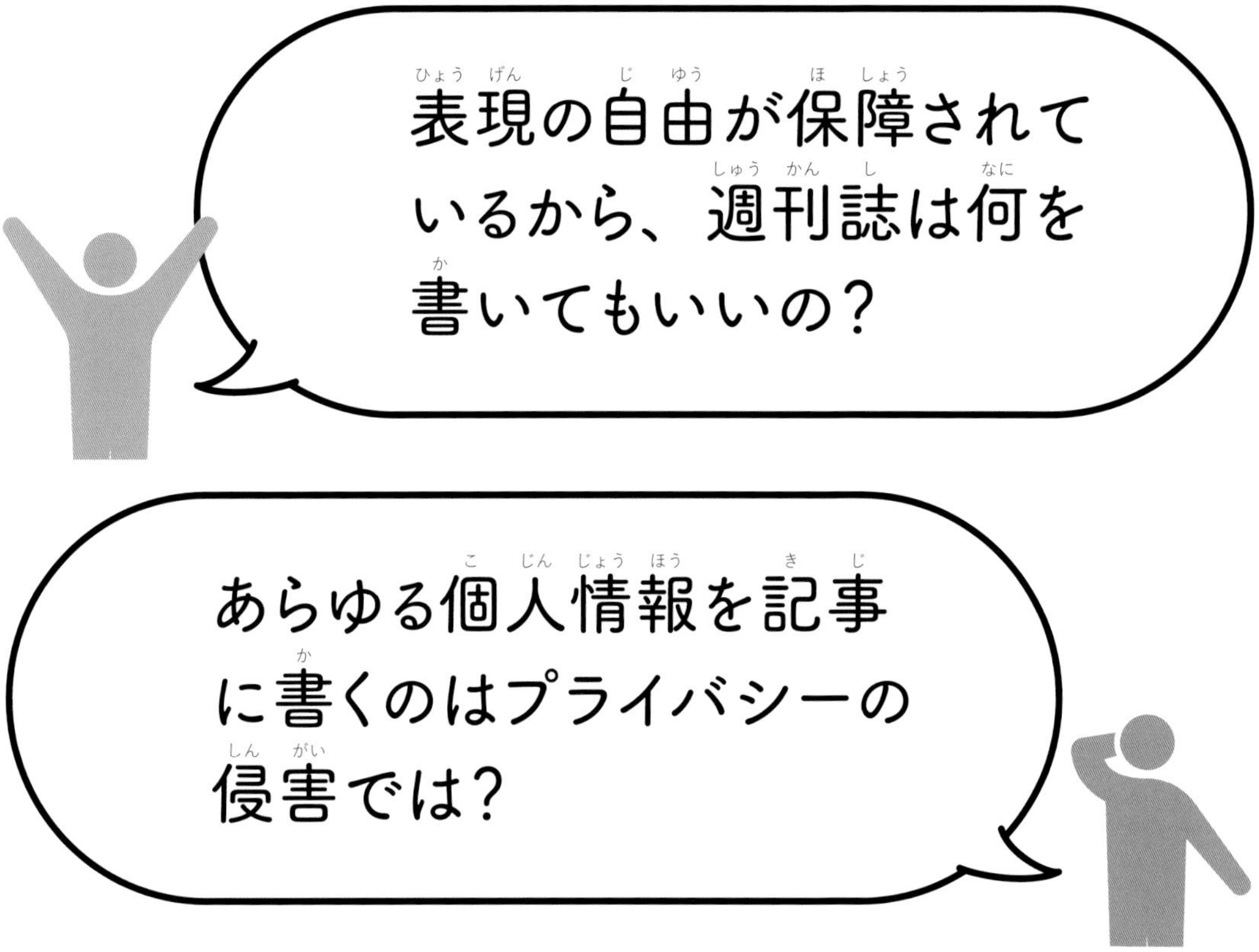
表現《ひょうげん》の自由《じゆう》が保障《ほしょう》されているから、週刊誌《しゅうかんし》は何《なに》を書《か》いてもいいの？
あらゆる個人情報《こじんじょうほう》を記事《きじ》に書《か》くのはプライバシーの侵害《しんがい》では？

週刊誌《しゅうかんし》が有名人《ゆうめいじん》のプライバシーを暴《あば》く記事《きじ》を書《か》いて話題《わだい》を集《あつ》めているね。

テレビやSNSでも、同《おな》じような話《はなし》を見《み》たことがあります。

こうした週刊誌《しゅうかんし》の記事《きじ》ってどう思《おも》う？　許《ゆる》されるかな？

うーん、他人《たにん》のプライバシーを暴《あば》くのは、単純《たんじゅん》によくない気《き》がします。憲法上《けんぽうじょう》はプライバシーってどういう位置《いち》づけなんですか？

実《じつ》は、日本国憲法《にほんこくけんぽう》には「プライバシーを守《まも》る」と直接定《ちょくせつさだ》めた条文《じょうぶん》はないんだ。

えっ！　そうなんですか。

うん。でも、現代《げんだい》ではプライバシーを守《まも》る重要性《じゅうようせい》が増《ま》してきた。そこで、憲法《けんぽう》で直接認《ちょくせつみと》められてはいないけれど、「新しい人権《じんけん》」として「プライバシーの権利《けんり》」が第13条に基づいて認められるようになったんだ。

新《あたら》しい人権《じんけん》という考《かんが》え方《かた》があるのですね。

でも、週刊誌を出す出版社には、憲法第21条で

コラムでは私《わたし》と一緒《いっしょ》に考《かんが》えていこう

定《さだ》められている「表現《ひょうげん》の自由《じゆう》」がありますよね。

そうだね。表現《ひょうげん》の自由《じゆう》は、憲法《けんぽう》の中《なか》でもとても重要《じゅうよう》な権利《けんり》の一《ひと》つだよ。さらに、出版社《しゅっぱんしゃ》やテレビ局《きょく》の場合《ばあい》は「報道《ほうどう》の自由《じゆう》」ととらえることもできる。例《たと》えば政府《せいふ》や政治家《せいじか》が悪《わる》いことをした疑《うたが》いがあっても、何《なに》も報道《ほうどう》できなかったら国《くに》がおかしな方向《ほうこう》に向《む》かうことを止《と》められなくなってしまうよね。それを防《ふせ》ぐためにも報道《ほうどう》の自由《じゆう》は大切《たいせつ》なんだ。

うーん、報道《ほうどう》の自由《じゆう》は大切《たいせつ》だと思《おも》いますが、やっぱり他人《たにん》のプライバシーを暴《あば》いて多《おお》くの人《ひと》に広《ひろ》めることに賛成《さんせい》できません……。

確《たし》かに行《い》きすぎはよくないですが、週刊誌《しゅうかんし》がそれらを記事《きじ》にするのは、売《う》れるからですよね。ということは、**多《おお》くの人《ひと》が知《し》りたがる、その気持《きも》ちに応《こた》えただけともいえる気《き》がします**。

そういう一面《いちめん》はあるね。さっき新《あたら》しい人権《じんけん》の話《はなし》をしたけれど、新《あたら》しい人権《じんけん》の一《ひと》つとして、「知《し》る権利《けんり》」も第《だい》21条《じょう》に基《もと》づいて認《みと》められるようになってきているんだ。国民《こくみん》の知《し》る権利《けんり》をみたすために、マスコミはさまざまな報道《ほうどう》をしているとも考《かんが》えられるよね。

でも、国民《こくみん》が知《し》りたかったら何《なん》でも報道《ほうどう》していいというのはちょっと違《ちが》う気《き》がします。

それは重要《じゅうよう》な意見《いけん》だね。一方《いっぽう》にはプライバシーの権利《けんり》があり、もう一方《いっぽう》には報道《ほうどう》の自由《じゆう》や知《し》る権《けん》利《り》がある。どちらを優先《ゆうせん》するかは、**報道《ほうどう》することの「公益性《こうえきせい》から判断《はんだん》する」という考《かんが》え方《かた》**があるよ。

公益性《こうえきせい》ですか。

うん。報道《ほうどう》する情報《じょうほう》が社会《しゃかい》にとって重要《じゅうよう》なことかどうかで判断《はんだん》していこう、ということさ。

具体的《ぐたいてき》にはどういうことですか。

例《たと》えば、政治《せいじ》や犯罪《はんざい》に関《かん》する情報《じょうほう》は、多少《たしょう》プライバシーに踏《ふ》みこんでも公益性《こうえきせい》のほうが上回《うわまわ》ることもある。一方《いっぽう》、それ以外《いがい》の単《たん》に興味本位《きょうみほんい》の情報《じょうほう》については、それほど公益性《こうえきせい》は高《たか》くないと考《かんが》えるんだ。芸能人《げいのうじん》の住所《じゅうしょ》や電話番号《でんわばんごう》、有名《ゆうめい》スポーツ選《せん》手《しゅ》がだれと交際《こうさい》しているかなどを知《し》りたい人《ひと》は多《おお》いかもしれない。しかし、それは公益性《こうえきせい》よりもプライバシーの権利《けんり》を守《まも》るほうが優先《ゆうせん》されるべき、と考《かんが》えるのが「公益性《こうえきせい》から判断《はんだん》する」ということだよ。

その考《かんが》え方《かた》が広《ひろ》まれば、有名人《ゆうめいじん》がプライバシーを暴《あば》かれて嫌《いや》な思《おも》いをすることは減《へ》りそうですね。

第《だい》24条《じょう》

他《ほか》の人《ひと》が個《こ》人《じん》の結《けっ》婚《こん》を決《き》めてもよかったら……

キーワード

- 個人《こじん》の尊厳《そんげん》
- 両性《りょうせい》の平等《びょうどう》

今日《きょう》から夫婦《ふうふ》!?

あなたは、世《よ》の中《なか》の夫婦《ふうふ》がどうして結婚《けっこん》したのか気《き》になったことはありませんか。お互《たが》いが大好《だいす》きで何年《なんねん》も付《つ》き合《あ》っているし、そろそろ家族《かぞく》になってもいいと思《おも》って結婚《けっこん》した夫婦《ふうふ》もいれば、お見合《みあ》いで意気投合《いきとうごう》した夫婦《ふうふ》もいるかもしれません。どんな理由《りゆう》でも、この人《ひと》とずっと一緒《いっしょ》にいると決《き》めたなら、お互《たが》いが幸《しあわ》せな気持《きも》ちで結婚《けっこん》したいものです。

しかし、25歳《さい》になったAさんがある日《ひ》、仕事《しごと》から帰《かえ》ると、知《し》らない人《ひと》が家《いえ》にいました。そして、「はじめまして。僕《ぼく》たち結婚《けっこん》したから、今日《きょう》から夫婦《ふうふ》になったんだよ」と言《い》って、自分《じぶん》の荷物《にもつ》をあなたの家《いえ》に移動《いどう》させています。あなたとなんて結婚《けっこん》しないと言《い》っても、「Aさんの両親《りょうしん》が決《き》めたことだから、Aさんの意思《いし》は関係《かんけい》ない」とつっぱねられました。Aさんの知《し》らぬ間《ま》に事《こと》を進《すす》められ、望《のぞ》まない結婚生活《けっこんせいかつ》がスタートしてしまったのです。

結婚生活《けっこんせいかつ》、こんなはずじゃなかった……

Aさんには何年《なんねん》もお付《つ》き合《あ》いしていた恋人《こいびと》がいました。その人《ひと》とは真剣《しんけん》に将来《しょうらい》について話《はな》し合《あ》い、お互《たが》いに結婚《けっこん》を考《かんが》えていました。「結婚《けっこん》するならこの人《ひと》」と思《おも》っていたのに、勝手《かって》に見知《みし》らぬ人《ひと》と結婚《けっこん》させられてしまったことに、Aさんはとてもショックを受《う》けました。

しかも、ある日《ひ》、仕事《しごと》から帰《かえ》ってくると、「仕事《しごと》は今月《こんげつ》で辞《や》めてね。これからは家事《かじ》に専念《せんねん》するように」と言《い》われました。仕事《しごと》が大好《だいす》きでやりがいを感《かん》じていたAさんにとって、「家《いえ》で家事《かじ》だけしていればいいんだ」と言《い》われた気《き》がして、働《はたら》く権利《けんり》を一方的《いっぽうてき》に奪《うば》われたことに、またまたショックを受《う》けました。

結婚《けっこん》したかった人《ひと》と結《むす》ばれなかっただけでなく、自分《じぶん》の生《い》き方《かた》を勝手《かって》に変《か》えられたAさんは、これからの人生《じんせい》に絶望《ぜつぼう》するしかありませんでした。

憲法《けんぽう》がないと…

望《のぞ》まない相手《あいて》との結婚《けっこん》が勝手《かって》に決《き》まる恐《おそ》れがある。

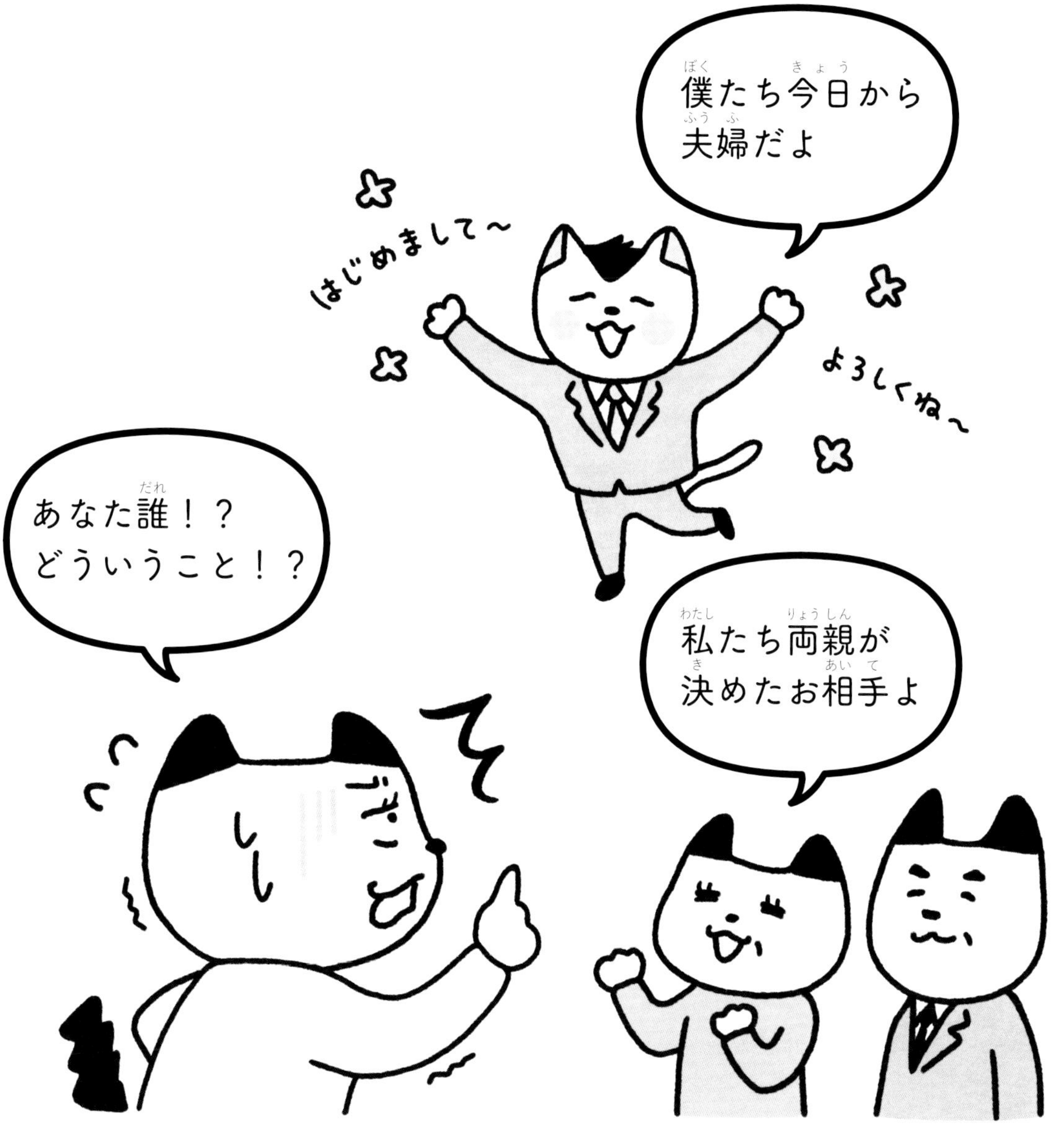

人生《じんせい》の一大《いちだい》イベントともいえる結婚《けっこん》で自分《じぶん》の人生《じんせい》が大《おお》きく変《か》わることもあります。人《ひと》の人生《じんせい》を左右《さゆう》する結婚《けっこん》を他人《たにん》が勝手《かって》に決《き》めることで、トラブルの原因《げんいん》になります。

憲法《けんぽう》があれば…　二人《ふたり》の意思《いし》で夫婦《ふうふ》になることができる。

【第《だい》24条《じょう》　家族生活《かぞくせいかつ》における個人《こじん》の尊厳《そんげん》と両性《りょうせい》の平等《びょうどう》】

結婚《けっこん》はお互《たが》いの合意《ごうい》によって成立《せいりつ》するため、双方《そうほう》が自分《じぶん》の意思《いし》で配偶者《はいぐうしゃ》（結婚相手《けっこんあいて》）を決《き》めることができます。また、夫婦《ふうふ》は同等《どうとう》の権利《けんり》をもつため、一方《いっぽう》が家庭《かてい》を支配《しはい》するようになってはいけません。

結婚《けっこん》は二人《ふたり》が合意《ごうい》しないとできない！ そして夫婦《ふうふ》は平等《びょうどう》

26ページのようなことにならないように、日本国憲法《にほんこくけんぽう》は「第《だい》24条《じょう》 家族生活《かぞくせいかつ》における個人《こじん》の尊厳《そんげん》と両性《りょうせい》の平等《びょうどう》」を保障《ほしょう》しています。これは、結婚《けっこん》は二人《ふたり》の合意《ごうい》のみによって成立《せいりつ》し、夫婦《ふうふ》は同等《どうとう》の権利《けんり》をもってお互《たが》いが協力《きょうりょく》することで維持《いじ》されなければならないというものです。

どういう夫婦生活《ふうふせいかつ》にしたいかは、その人《ひと》の生《い》き方《かた》に深《ふか》く関《かか》わります。そして、性別《せいべつ》に関係《かんけい》なく個人《こじん》は平等《びょうどう》であるため、どちらかがもう一方《いっぽう》を支配《しはい》してはならず、家庭《かてい》のことについて夫婦《ふうふ》は平等《びょうどう》の立場《たちば》で決定《けってい》する権利《けんり》があるのです。26ページのように、勝手《かって》に結婚《けっこん》させられ、家庭《かてい》生活《せいかつ》のあり方《かた》を決《き》める自由《じゆう》を奪《うば》われることは人権侵害《じんけんしんがい》になります。

結婚《けっこん》は、「婚姻届《こんいんとどけ》」という書類《しょるい》を役所《やくしょ》に提出《ていしゅつ》し、受理《じゅり》されると成立《せいりつ》します。つまり、婚姻届《こんいんとどけ》の内容《ないよう》が整《ととの》っていれば、本人《ほんにん》が不在《ふざい》でも受理《じゅり》されてしまうのです。しかし、日本の法律《ほうりつ》においては、「お互《たが》いが結婚《けっこん》する意思《いし》をもっていない」「お互《たが》いが婚姻届《こんいんとどけ》を提出《ていしゅつ》する意思《いし》をもっていない」となれば、提出《ていしゅつ》されている婚姻届《こんいんとどけ》は無効《むこう》になります。勝手《かって》に出《だ》されてしまった場合《ばあい》はすみやかに裁判所《さいばんしょ》で手続《てつづ》きをすればよいのです。また、勝手《かって》に婚姻届《こんいんとどけ》を出《だ》した人《ひと》は罪《つみ》に問《と》われることになります。お互《たが》いが損《そん》することになるので、相手《あいて》の同意《どうい》なく結婚《けっこん》することはやめましょう。

パートナーは自分《じぶん》の夫《おっと》または妻《つま》である前《まえ》に、一人《ひとり》の人間《にんげん》です。憲法《けんぽう》では、すべての個人《こじん》は人間《にんげん》として尊重《そんちょう》されることを定《さだ》めています。性別《せいべつ》によってパートナーに役割《やくわり》や生《い》き方《かた》を押《お》し付《つ》けず、家庭生活《かていせいかつ》の中《なか》で男女《だんじょ》の平等《びょうどう》を保《たも》つことは、今後《こんご》の夫婦関係《ふうふかんけい》をよりよいものにしていくことでしょう。

この規定《きてい》は文言上《もんごんじょう》は異性《いせい》カップルを想定《そうてい》していますが、同性《どうせい》カップルの権利《けんり》についても議論《ぎろん》がされており、今後《こんご》、同性婚《どうせいこん》にも適用《てきよう》されていくかもしれません。

まとめ

ひとこと条文《じょうぶん》：第《だい》24条《じょう》 家族生活《かぞくせいかつ》における個人《こじん》の尊厳《そんげん》と両性《りょうせい》の平等《びょうどう》

概要《がいよう》：結婚《けっこん》は、二人《ふたり》の合意《ごうい》があってできるものであり、夫婦《ふうふ》は同等《どうとう》の権利《けんり》をもつ。

つながり：結婚《けっこん》は二人《ふたり》でするもの。また、家庭《かてい》は二人《ふたり》でつくるもの。どちらも一人《ひとり》ではできない。

第《だい》25条《じょう》
—1項《こう》—

身体《しんたい》が不自由《ふじゆう》で仕事《しごと》に困《こま》り、生活《せいかつ》が苦《くる》しくなったら？

ごはんをお腹《なか》いっぱい食《た》べたいよ……

あなたはこんな経験《けいけん》をしたことがありませんか？　小《ちい》さいころ、おうちの人《ひと》と買《か》いものに出《で》かけたときに、欲《ほ》しかったおもちゃを店先《みせさき》で見《み》つけておねだりするも、「このおもちゃを買《か》うお金《かね》はないから買《か》えないの」と言《い》われたことはありませんか？　だだをこねて、おうちの人《ひと》を説得《せっとく》しようとした人《ひと》もいるでしょう。おもちゃなら、買《か》ってもらえなくても困《こま》らないかもしれません。

しかし、食《た》べ物《もの》のような、**生活《せいかつ》に必要《ひつよう》なものが買《か》えなかったらどうでしょうか**。家《いえ》での食事《しょくじ》はいつもお茶《ちゃ》わん1杯《ぱい》のごはんに少《すこ》しのおかずだけ。お腹《なか》いっぱい食《た》べられることはなく、お腹《なか》が空《す》いている状態《じょうたい》のほうが長《なが》いです。もっと食《た》べたいと言《い》っても、

「うちには食《た》べ物《もの》を買《か》うお金《かね》がないんだよ」

と言《い》われたら、子《こ》どもながらにしかたがないと感《かん》じるかもしれません。

どうやって生《い》きていこう……

上《うえ》の話《はなし》を、おうちの人《ひと》の立場《たちば》で見《み》てみましょう。

実《じつ》はおうちの人《ひと》は病気《びょうき》で、病院《びょういん》に通《かよ》っていました。おうちの人《ひと》は、体調《たいちょう》が悪《わる》いために週《しゅう》に少《すこ》しの時間《じかん》しか働《はたら》くことができず、子《こ》どもを育《そだ》てる上《うえ》で十分《じゅうぶん》なお金《かね》を稼《かせ》ぐことができません。

ある日《ひ》、病気《びょうき》が悪化《あっか》して、しばらくは自宅《じたく》で安静《あんせい》にしていなければならなくなってしまいました。この家《いえ》では働《はたら》き手《て》が一人《ひとり》しかいなかったため、おうちの人《ひと》の少《すく》ない収入《しゅうにゅう》と貯《た》めていた貯金《ちょきん》で家計《かけい》を支《ささ》えていました。

しかし、おうちの人《ひと》の貯金《ちょきん》も残《のこ》りわずかになり、子《こ》どもたちの服《ふく》を買《か》うどころか、家賃《やちん》や治療費《ちりょうひ》を支払《しはら》うお金《かね》すら厳《きび》しい状況《じょうきょう》に陥《おちい》ってしまいました。

「だれか、助《たす》けてほしい……」

おうちの人《ひと》はこのどうにもならない状況《じょうきょう》に、困《こま》り果《は》てています。

キーワード
● 生存権《せいぞんけん》
● 生活保護《せいかつほご》

憲法《けんぽう》がないと…

食費《しょくひ》や家賃《やちん》などの生活費《せいかつひ》が払《はら》えず、生《い》きていけなくなる。

今日《きょう》も
これだけ？
しばらく働《はたら》けないから
食《た》べ物《もの》が買《か》えなくて
ごめんね

「このままでは生《い》きていけない」というところまで生活《せいかつ》が苦《くる》しくなっていることが問題《もんだい》です。

憲法《けんぽう》があれば…

国《くに》の支援《しえん》によって人間《にんげん》らしい生活《せいかつ》ができる！

しばらく働《はたら》けないけど国《くに》の保障《ほしょう》のおかげでやっていけるわ

【第《だい》25条《じょう》1項《こう》　生存権《せいぞんけん》】

すべての国民《こくみん》に、人間《にんげん》らしく生活《せいかつ》を送《おく》る権利《けんり》があります。そのため、生活《せいかつ》が苦《くる》しい場合《ばあい》でも一定《いってい》の条件《じょうけん》をみたせば国《くに》が助《たす》けてくれます。

すべての国民《こくみん》は最低限度《さいていげんど》の生活《せいかつ》を保障《ほしょう》されている

30ページのようなことにならないように、日本国憲法《こくけんぽう》では、「第《だい》25条《じょう》1項《こう》　生存権《せいぞんけん》」が保障《ほしょう》されています。

これによって、何《なん》らかの理由《りゆう》で生活《せいかつ》が苦《くる》しくなってしまった人《ひと》でも、健康《けんこう》で文化的《ぶんかてき》な最低限度《さいていげんど》の生活《せいかつ》ができるように、国《くに》が支援《しえん》を行《おこな》っています。

30ページの家庭《かてい》は、おうちの人《ひと》の病気《びょうき》によって生活《せいかつ》が困窮《こんきゅう》していることから、生活保護《せいかつほご》の支援《しえん》を受《う》けることができます。この制度《せいど》によって、当面《とうめん》の生活費《せいかつひ》や、医療《いりょう》サービスの費用《ひよう》、家賃《やちん》、子《こ》どもの学用品費《がくようひんひ》などを援助《えんじょ》してもらうことができるのです。

このような生活保護《せいかつほご》による支援《しえん》は、子《こ》どもや高齢者《こうれいしゃ》など、働《はたら》くことができない人《ひと》が食料《しょくりょう》を買《か》えないことによって衰弱《すいじゃく》することを防《ふせ》いだり、住《す》む場所《ばしょ》を失《うしな》うことを防止《ぼうし》したりすることにつながっています。

だれもが最低限《さいていげん》の人間《にんげん》らしい生活《せいかつ》を送《おく》ることができるように、憲法《けんぽう》は個人《こじん》がもつあたりまえの権利《けんり》として、生《い》きる権利《けんり》を保障《ほしょう》しているのです。

! 生活保護《せいかつほご》の制度《せいど》について

生活保護《せいかつほご》の制度《せいど》とは、最低限度《さいていげんど》の生活《せいかつ》の保障《ほしょう》と自立《じりつ》を助《たす》けることを目的《もくてき》として、困窮《こんきゅう》の程度《ていど》に応《おう》じて必要《ひつよう》な保護《ほご》を行《おこな》う制度《せいど》です。

世帯《せたい》の人数《にんずう》や年齢《ねんれい》によって定《さだ》められている最低生活費《さいていせいかつひ》の不足分《ふそくぶん》を補《おぎな》います。

どんな保護《ほご》を受《う》けられるの？

国《くに》は、日常生活《にちじょうせいかつ》に必要《ひつよう》な費用《ひよう》（衣類《いるい》や食費《しょくひ》、光熱費《こうねつひ》など）、家賃《やちん》、義務教育《ぎむきょういく》を受《う》けるために必要《ひつよう》な学用品《がくようひん》の費用《ひよう》、医療《いりょう》・介護《かいご》サービスの費用《ひよう》、出産費用《しゅっさんひよう》、働《はたら》くために必要《ひつよう》な技能《ぎのう》の修得《しゅうとく》などにかかる費用《ひよう》、葬祭費用《そうさいひよう》をいくらか支給《しきゅう》します。

まとめ

ひとこと条文《じょうぶん》：第《だい》25条《じょう》1項《こう》　生存権《せいぞんけん》

概要《がいよう》：すべての国民《こくみん》は、健康《けんこう》で文化的《ぶんかてき》な最低限度《さいていげんど》の生活《せいかつ》を営《いとな》む権利《けんり》をもつ。

つながり：憲法《けんぽう》が生《い》きる権利《けんり》を保障《ほしょう》していることで、生活困窮者《せいかつこんきゅうしゃ》でも住《す》む場所《ばしょ》や食《た》べるものがあり、みんなと同《おな》じように学校《がっこう》に通《かよ》うことができる。

第《だい》27条《じょう》 —2項《こう》—

勤《きん》労《ろう》条《じょう》件《けん》が定《さだ》められていなかったら？

キーワード

- 勤労《きんろう》の権利《けんり》
- 勤労《きんろう》の義務《ぎむ》
- 団結権《だんけつけん》
- 団体交渉権《だんたいこうしょうけん》
- 団体行動権《だんたいこうどうけん》（争議権《そうぎけん》）

毎《まい》日《にち》学《がっ》校《こう》はしんどいよ……

あなたは学校《がっこう》に行《い》くのは好《す》きですか？　友《とも》だちと会《あ》えるから好《す》きという人《ひと》もいれば、勉強《べんきょう》が嫌《きら》いだから嫌《きら》いという人《ひと》もいるでしょう。いずれにせよ土日《どにち》などの休《やす》みの日《ひ》があることで、元気《げんき》を取《と》り戻《もど》せたり、習《なら》いごとや旅行《りょこう》に行《い》けたりするので、休日《きゅうじつ》は大切《たいせつ》です。しかし、もしも「今週《こんしゅう》から土日祝日《どにちしゅくじつ》に関《かか》わらず、授業《じゅぎょう》が毎日《まいにち》あるので、毎日学校《まいにちがっこう》に来《き》てください」と先生《せんせい》に言《い》われたらどう思《おも》いますか？

休《やす》みの日《ひ》がないので、どんなに疲《つか》れていても次《つぎ》の日《ひ》は学校《がっこう》に行《い》かなくてはいけませんし、習《なら》いごとや旅行《りょこう》に行《い》くことも減《へ》ってしまうでしょう。

寝《ね》るな！　休《やす》むな！　働《はたら》け！

大人《おとな》になると、多《おお》くの人《ひと》は働《はたら》きます。会社《かいしゃ》や工場《こうじょう》に働《はたら》きに行《い》く人《ひと》もいれば、誰《だれ》かに雇《やと》われてその人《ひと》の指示《しじ》の下《もと》で働《はたら》く人《ひと》もいます。どんな場所《ばしょ》でも「労働《ろうどう》」という環境《かんきょう》に置《お》かれていることに変《か》わりはありません。

しかし、もし、あなたが次《つぎ》のような労働環境《ろうどうかんきょう》に置《お》かれていたらどうしますか？

工場《こうじょう》で働《はたら》くあなたは、人手《ひとで》が足《た》りないからという理由《りゆう》で週《しゅう》7日《か》、毎日休《まいにちやす》まずに働《はたら》いています。少《すこ》しでも休憩《きゅうけい》しようとすると、工場長《こうじょうちょう》がきて「何《なに》をやっているんだ、今《いま》は忙《いそが》しいんだから休《やす》むな！」と怒鳴《どな》られてしまいました。毎日《まいにち》、不眠不休《ふみんふきゅう》で働《はたら》くなんて、おそらく仕事《しごと》が大好《だいす》きな人《ひと》でも嫌《いや》でしょう。それに、いつか体《からだ》を壊《こわ》してしまいます。この状況《じょうきょう》をよくしようと一人《ひとり》で工場長《こうじょうちょう》に説得《せっとく》にいきましたが、「休《やす》みなんか認《みと》めない！」と相手《あいて》にされませんでした。

勤労条件がきちんと定まっていないと、このようにずっと働かされてしまうことがあるかもしれません。

憲法《けんぽう》がないと…

安《やす》い賃《ちん》金《きん》や無《む》理《り》な条《じょう》件《けん》で働《はたら》かされるおそれがある。

勤労《きんろう》の基準《きじゅん》が定《さだ》まっていないと、雇用者《こようしゃ》（雇《やと》い主《ぬし》）に都合《つごう》のよい勤労条件《きんろうじょうけん》や、ひどい労働環境《ろうどうかんきょう》で働《はたら》かされてしまう可《か》能性《のうせい》があります。

憲法《けんぽう》があれば…

無理《むり》のない条件《じょうけん》・環境《かんきょう》で労働者《ろうどうしゃ》が働《はたら》ける！

【第《だい》27条《じょう》2項《こう》　勤労条件《きんろうじょうけん》の基準《きじゅん》】

賃金《ちんぎん》や就業時間《しゅうぎょうじかん》、休息《きゅうそく》などの勤労条件《きんろうじょうけん》の基準《きじゅん》は、法律《ほうりつ》で定《さだ》められています。この基準《きじゅん》があることで、低《ひく》すぎる賃金《ちんぎん》で働《はたら》かされることや過度《かど》な長時間労働《ちょうじかんろうどう》などから労働者《ろうどうしゃ》を守《まも》っています。

法律《ほうりつ》に基《もと》づいた労働《ろうどう》条件《じょうけん》で働《はたら》くことが憲法《けんぽう》で保障《ほしょう》されている

34ページのようなことにならないように、日本国《こく》憲法《けんぽう》には、「第《だい》27条《じょう》2項《こう》　勤労条件《きんろうじょうけん》の基準《きじゅん》」があります。この条文《じょうぶん》によって、賃金《ちんぎん》や就業《しゅうぎょう》時間《じかん》、休息《きゅうそく》などの勤労条件《きんろうじょうけん》に関《かん》する基準《きじゅん》を定《さだ》めた法律《ほうりつ》がつくられています。

すべての国民《こくみん》は働《はたら》く権利《けんり》をもちます。また、多《おお》くの国民《こくみん》は生計《せいけい》を維持《いじ》するために働《はたら》かなくてはなりません（第《だい》27条《じょう》1項《こう》　勤労《きんろう》の権利《けんり》及《およ》び義務《ぎむ》）。そのため、働《はたら》く国民《こくみん》を守《まも》るために、勤労条件《きんろうじょうけん》を定《さだ》める法律《ほうりつ》が必要《ひつよう》となるのです。週《しゅう》7日《か》不眠《ふみん》不休《ふきゅう》で働《はたら》かされてしまわないように、法律《ほうりつ》では原則《げんそく》として1日《にち》8時間《じかん》の労働《ろうどう》と定《さだ》めています。また、雇用者《こようしゃ》（労働者《ろうどうしゃ》を雇《やと》う人《ひと》）がいくらでも賃金《ちんぎん》を下《さ》げてしまわないように、各都道府県《かくとどうふけん》によって最低賃金《さいていちんぎん》が定《さだ》められています。

先《さき》ほど、生計《せいけい》を維持《いじ》するために働《はたら》かなくてはならないと言《い》いましたが、誰《だれ》もが働《はたら》けるわけではありません。原則《げんそく》、アルバイトとして仕事《しごと》ができるようになるのは、中《ちゅう》学校《がっこう》を卒業《そつぎょう》した年《とし》の3月《がつ》31日《にち》を過《す》ぎてからです。つまり、原則《げんそく》では高校生《こうこうせい》になってからしか働《はたら》くことができません。これは、子《こ》どもを労働《ろうどう》による酷使《こくし》から守《まも》るためです（第《だい》27条《じょう》3項《こう》　児童酷使《じどうこくし》の禁止《きんし》）。

また、34ページで、勤労条件《きんろうじょうけん》をよくするために一人《ひとり》で工場長《こうじょうちょう》のもとに説得《せっとく》に向《む》かった場面《ばめん》がありますが、同《おな》じようにこの状況《じょうきょう》を改善《かいぜん》したいと考《かんが》えている人《ひと》が他《ほか》にもいるはずです。

一人《ひとり》の意見《いけん》では通《とお》りにくいことも、労働者《ろうどうしゃ》が団結《だんけつ》することで雇用者《こようしゃ》と対等《たいとう》な立場《たちば》で話《はな》し合《あ》いができれば、交渉《こうしょう》が成立《せいりつ》することがあります。労働《ろうどう》に関《かん》して、雇用者《こようしゃ》と交渉《こうしょう》したいことがあるときは一人《ひとり》で立《た》ち向《む》かわなくていいのです（第《だい》28条《じょう》　勤労者《きんろうしゃ》の団結権《だんけつけん》、団体交渉権《だんたいこうしょうけん》、団体行動権《だんたいこうどうけん》〔争議権《そうぎけん》〕）。

まとめ

ひとこと条文《じょうぶん》：第《だい》27条《じょう》2項《こう》　勤労条件《きんろうじょうけん》の基準《きじゅん》

概要《がいよう》：雇用者《こようしゃ》に無理《むり》な条件《じょうけん》で働《はたら》かされないように、勤労条件《きんろうじょうけん》の基準《きじゅん》を定《さだ》めることが決《き》められている。

つながり：勤労条件《きんろうじょうけん》の基準《きじゅん》を設定《せってい》することで、低賃金《ていちんぎん》での長時間《ちょうじかん》労働《ろうどう》などの劣悪《れつあく》な条件《じょうけん》での労働《ろうどう》を防《ふせ》ぎ、労働者《ろうどうしゃ》の人権《じんけん》を守《まも》っている。

第《だい》29条《じょう》

人《ひと》のものを自由《じゆう》に取《と》り上《あ》げて自分《じぶん》のものにできたら……

キーワード

- 財産権《ざいさんけん》
- 納税《のうぜい》の義務《ぎむ》

僕《ぼく》のものは、君《きみ》のもの?

もし、人《ひと》のものを自由《じゆう》に自分《じぶん》のものにすることができたら、こんなことになるかもしれません。

Aさんは学校《がっこう》が終《お》わると、何人《なんにん》かの友《とも》だちとゲームをもって友《とも》だちの家《いえ》に行《い》きます。そこでは、友《とも》だちとゲームで対戦《たいせん》をして遊《あそ》んでいました。遊《あそ》んだあと、Aさんが家《いえ》に帰宅《きたく》して、Bさんに貸《か》していたゲームを返《かえ》してもらうのを忘《わす》れていたことに気《き》づき、Bさんに連絡《れんらく》すると、「このゲームは僕《ぼく》の家《いえ》にあったから僕《ぼく》のものだよ。Aさんが使《つか》いたいときに貸《か》してあげるよ」と言《い》われました。まるで、自分《じぶん》のもののような言《い》い方《かた》をされてAさんは不愉快《ふゆかい》になりました。

家《いえ》がなくなっちゃう!?

別《べつ》の例《れい》を考《かんが》えてみましょう。

Cさんの家《いえ》は、地元《じもと》でちょっとした有名《ゆうめい》どころです。というのも、もともと武士《ぶし》の家《いえ》だったらしく、家《いえ》の広《ひろ》さや見《み》た目《め》は当時《とうじ》のまま残《のこ》されているのです。町《まち》の人《ひと》たちや観光客《かんこうきゃく》は物珍《ものめずら》しそうにCさんの家《いえ》を門《もん》の外《そと》から眺《なが》めていました。ある日《ひ》、国《くに》の役人《やくにん》がやってきて、「この家《いえ》を国《くに》の重要文化財《じゅうようぶんかざい》とし、観光客《かんこうきゃく》の見学《けんがく》のために開放《かいほう》することにしました。ですので、あなたたちは1週《しゅう》間《かん》以内《いない》にこの家《いえ》から出《で》て行《い》ってください」と言《い》いました。Cさんにとって、ここは先祖《せんぞ》が代々《だいだい》住《す》んできた家《いえ》。そして今《いま》はCさんの資産《しさん》の一《ひと》つでもあります。勝手《かって》に人《ひと》の財産《ざいさん》を奪《うば》おうとする役人《やくにん》に抗議《こうぎ》しましたが、「これは国《くに》が決《き》めたことです。国民《こくみん》であるあなたは従《したが》わなければいけません」と相手《あいて》にしてもらえませんでした。

この例《れい》のように、個人の財産権が保障されていないと、何らかの理由をつけて、国などが自由に個人の財産を没収してしまうことが許される世《よ》の中《なか》になってしまいます。

憲法《けんぽう》がないと…

自分《じぶん》のものでも、何《なん》らかの理由《りゆう》で他人《たにん》のものにされる。

国《くに》の決定《けってい》により
あなたの家《いえ》をもらいます
私《わたし》の家《いえ》は
私《わたし》の財産《ざいさん》の
はずなのに！

個人《こじん》の財産《ざいさん》の一《ひと》つである家《いえ》を、他《ほか》の人《ひと》が勝手《かって》に自分《じぶん》のものにしてしまうことが問題《もんだい》です。たとえそれが国《くに》であっても、他人《たにん》の財産《ざいさん》を没収《ぼっしゅう》していることにかわりはありません。

憲法《けんぽう》があれば…

だれかに譲《ゆず》らない限《かぎ》り自分《じぶん》のものは自分《じぶん》のもの！

【第《だい》29条《じょう》　財産権《ざいさんけん》】

すべての人《ひと》は財産権《ざいさんけん》をもっています。どんな人《ひと》でも自分《じぶん》の財産《ざいさん》を同意《どうい》なしに他人《たにん》に没収《ぼっしゅう》されることはありません。

個人《こじん》の財産《ざいさん》は憲法《けんぽう》によって守《まも》られている

38ページのようなことが起《お》こらないように、日本国憲法《にほんこくけんぽう》の「第《だい》29条《じょう》　財産権《ざいさんけん》」では、個人《こじん》の財産権《ざいさんけん》は侵《おか》されないことを保障《ほしょう》しています。

財産《ざいさん》とは、お金《かね》だけでなく、土地《とち》・建物《たてもの》・家具《かぐ》・貴金属《ききんぞく》などその個人《こじん》が所有《しょゆう》する物《もの》の他《ほか》、アイデア・発明《はつめい》・著作権《ちょさくけん》などの形《かたち》のない「知的財産《ちてきざいさん》」や、他人《たにん》に特定《とくてい》の行為《こうい》を求《もと》める権利《けんり》である「債権《さいけん》」も含《ふく》まれます。

憲法《けんぽう》は、**個人《こじん》がもつこれらの財産《ざいさん》がだれにも侵害《しんがい》されることがないように定《さだ》めている**のです。

しかし、正当《せいとう》な補償《ほしょう》がある（その財産《ざいさん》に見合《みあ》う額《がく》を支払《しはら》うなど）場合《ばあい》にのみ、個人《こじん》の財産《ざいさん》を公共《こうきょう》のために用《もち》いる（譲《ゆず》る）ことが認《みと》められています。

このあたりで、勘《かん》のよい人《ひと》は

「個人《こじん》の財産《ざいさん》は他《ほか》のだれにも奪《うば》われないことを保障《ほしょう》しているにもかかわらず、国《くに》は税金《ぜいきん》で私《わたし》たちの財産《ざいさん》を没収《ぼっしゅう》しているのでは？」

と思《おも》うかもしれません。そして、学校《がっこう》で「第《だい》30条《じょう》　納税《のうぜい》の義務《ぎむ》」について学習《がくしゅう》したことを覚《おぼ》えている人《ひと》は、納税《のうぜい》の義務《ぎむ》は財産権《ざいさんけん》を保障《ほしょう》することと矛盾《むじゅん》していると思《おも》っていることでしょう。

ここでポイントなのは、憲法第《けんぽうだい》30条《じょう》には「国民《こくみん》は法律《ほうりつ》の定《さだ》めるところにより、納税《のうぜい》の義務《ぎむ》を負《お》う」と書《か》かれていることです。つまり、法律《ほうりつ》で定《さだ》めている分以上《ぶんいじょう》の納税《のうぜい》の義務《ぎむ》はありません。

みんなが暮《く》らしやすい社会《しゃかい》や制度《せいど》を国《くに》や自治体《じちたい》がつくるためには、お金《かね》（税金《ぜいきん》）を集《あつ》めなければいけません。

その反面《はんめん》、**税金《ぜいきん》が不当《ふとう》に国民《こくみん》の財産権《ざいさんけん》を侵害《しんがい》してはいけません**。その折《お》り合《あ》いをつけるために、義務《ぎむ》としてどれだけ税金《ぜいきん》を納《おさ》めるかは国《くに》によって決《き》められており、その義務《ぎむ》の範囲内《はんいない》の納税《のうぜい》を財産権《ざいさんけん》の侵害《しんがい》に含《ふく》めていないのです。

財産権《ざいさんけん》の規定《きてい》は法律《ほうりつ》で定《さだ》められている納税分《のうぜいぶん》を除《のぞ》いて、個人《こじん》が財産《ざいさん》をどう扱《あつか》うかを保障《ほしょう》しているのです。

まとめ

ひとこと条文《じょうぶん》：第《だい》29条《じょう》　財産権《ざいさんけん》

概要《がいよう》：個人《こじん》がもつ財産権《ざいさんけん》は、どんな人《ひと》でも侵《おか》してはならない。

つながり：国《くに》であろうと、個人《こじん》の財産権《ざいさんけん》を侵害《しんがい》することはできないので、国《くに》のためといって土地《とち》や建物《たてもの》、お金《かね》を国民《こくみん》から没収《ぼっしゅう》することはできない。

第《だい》37条《じょう》

刑事裁判《けいじさいばん》を受《う》ける権利《けんり》がなかったら？

キーワード

- 迅速《じんそく》で公平《こうへい》な刑事裁判《けいじさいばん》を受《う》ける権利《けんり》
- 裁判所《さいばんしょ》

弁明《べんめい》できないの？

あなたはやってはいけないことをしてしまったことがありますか？　例《たと》えば、学校《がっこう》の先生《せんせい》しか入《はい》れない部屋《へや》に入《はい》ったり、家《いえ》や学校《がっこう》の掃除《そうじ》をサボったりするなどです。禁止《きんし》されていることなので、見《み》つかると怒《おこ》られたり罰《ばつ》が与《あた》えられたりするかもしれません。

ある日《ひ》、横断歩道《おうだんほどう》のすぐ手前《てまえ》にいたAさん。信号《しんごう》が赤《あか》色《いろ》から青色《あおいろ》に変《か》わると思《おも》って横断歩道《おうだんほどう》を渡《わた》ろうとしましたが、すぐには青色《あおいろ》に変《か》わらないことに気《き》づき止《と》まりました。すると、それを見《み》ていたであろう警察官《けいさつかん》がきて、「あなたは赤信号《あかしんごう》を無視《むし》して横断歩道《おうだんほどう》を渡《わた》ろうとしていましたね？　3年《ねん》の懲役刑《ちょうえきけい》です」と言《い》いました。「渡《わた》ろうとはしていない」とAさんは弁《べん》明《めい》を求《もと》めますが、警察官《けいさつかん》は「言《い》い訳《わけ》は無用《むよう》」と聞《き》く耳《みみ》をもちません。赤信号《あかしんごう》を無視《むし》して渡《わた》ったわけではないAさんでしたが、泣《な》く泣《な》く刑務所《けいむしょ》に入《はい》ることになりました。

同《おな》じ罪《つみ》なのに刑罰《けいばつ》の重《おも》さがちがうのはどうして？

別《べつ》の例《れい》を考《かんが》えてみましょう。

Bという人《ひと》は50万円《まんえん》の宝石《ほうせき》を盗《ぬす》んでしまい、10年《ねん》の懲《ちょう》役刑《えきけい》を言《い》い渡《わた》されました。一《いっ》か月後《げつご》、Cという人《ひと》が同《おな》じ店《みせ》でBが盗《ぬす》んだ50万円《まんえん》の宝石《ほうせき》と同《おな》じものを盗《ぬす》んで逮捕《たいほ》されました。しかし、同じことをして逮捕されたにもかかわらず、Cは5年の懲役刑でした。Bは「同《おな》じ罪《つみ》なのに刑罰《けいばつ》の重《おも》さがCとちがうじゃないか。自《じ》分《ぶん》も5年《ねん》の懲役刑《ちょうえきけい》にしろ！」と怒《おこ》りましたが、もう決《き》まったことだと言《い》って国《くに》はまともに取《と》り合《あ》ってくれませんでした。

二《ふた》つの例《れい》とも、罪《つみ》を犯《おか》してしまったことはもう変《か》えようのない事実《じじつ》で何《なん》らかの罰《ばつ》を受《う》けなければいけません。しかし、裁判が受けられないと不公平な決定が覆されることのない社会になってしまいます。

憲法《けんぽう》がないと…

弁明《べんめい》や不服《ふふく》が言《い》えず、公平《こうへい》・公正《こうせい》な決定《けってい》が下《くだ》されない。

一方的《いっぽうてき》に刑罰《けいばつ》を決《き》められたり、同《おな》じ罪《つみ》であるにもかかわらず人《ひと》によって刑罰《けいばつ》の重《おも》さがちがったりすることが問題《もんだい》です。被告人《ひこくにん》として、不服《ふふく》の申《もう》し立《た》てを行《おこな》うことができません。

憲法《けんぽう》が
あれば…

迅速《じんそく》で公平《こうへい》な刑事裁判《けいじさいばん》を受《う》けられる。

何《なに》か言《い》いたいことは
ありますか？
僕《ぼく》はやっていない！
この裁判《さいばん》で証明《しょうめい》する！

【第37条《だいじょう》　迅速《じんそく》で公平《こうへい》な刑事裁判《けいじさいばん》を受《う》ける権利《けんり》】

どんな人《ひと》でも迅速《じんそく》で公平《こうへい》な刑事裁判《けいじさいばん》を受《う》ける権利《けんり》をもっているので、もし本当《ほんとう》に無実《むじつ》であるのなら、弁明《べんめい》と証拠《しょうこ》を用《もち》いて無実《むじつ》の証明《しょうめい》に努《つと》めることができます。

刑事事件《けいじじけん》で訴《うった》えられた人《ひと》にも迅速《じんそく》で公平《こうへい》な裁判《さいばん》を受《う》ける権利《けんり》がある

42ページのような不公平《ふこうへい》な決定《けってい》や不当《ふとう》な理由《りゆう》で刑罰《けいばつ》を下《くだ》されないように、日本国憲法《にほんこくけんぽう》は「第《だい》37条《じょう》　刑事被告人《けいじひこくにん》の権利《けんり》」を保障《ほしょう》しています。犯罪《はんざい》を犯《おか》したとして国家権《こっかけん》力《りょく》による処罰《しょばつ》を受《う》けるというのは、個人《こじん》にとってはたいへんなことですから、弁明《べんめい》の機会《きかい》が与《あた》えられるよう**迅速《じんそく》で公平《こうへい》な裁判《さいばん》を受《う》ける権利《けんり》が定《さだ》められています。**罪《つみ》を犯《おか》して逮捕《たいほ》された人《ひと》は、原則《げんそく》として刑事裁判《けいじさいばん》を受《う》けることになります。裁判《さいばん》では、有罪《ゆうざい》か無罪《むざい》か、有罪《ゆうざい》であれば刑罰《けいばつ》の種類《しゅるい》と期間《きかん》が決《き》められます。その際《さい》、被告人《ひこくにん》（犯罪《はんざい》の疑《うたが》いのために逮捕《たいほ》され起訴《きそ》された人《ひと》）は、自分《じぶん》に不利益《ふりえき》な情報《じょうほう》を告《つ》げる必要《ひつよう》はありませんが（第《だい》38条《じょう》　自白強要《じはくきょうよう》の禁止《きんし》）、集《あつ》められた証拠《しょうこ》などによって判決《はんけつ》が下《くだ》されます。

そのときに、拷問《ごうもん》やあまりにも人《ひと》を苦《くる》しめる刑罰《けいばつ》を科《か》してはいけません（第《だい》36条《じょう》　拷問《ごうもん》及《およ》び残虐《ざんぎゃく》な刑《けい》の禁止《きんし》）。

このように、正当《せいとう》な裁判《さいばん》を行《おこな》うことによって不公平《ふこうへい》な刑罰《けいばつ》を防《ふせ》ぐことができます。

裁判《さいばん》によって法律《ほうりつ》に基《もと》づく公平《こうへい》な決定《けってい》が下《くだ》されるわけですが、裁判所《さいばんしょ》が行《おこな》うのは裁判《さいばん》だけではありません。裁《さい》判所《ばんしょ》では、警察官《けいさつかん》などの捜査官《そうさかん》が集《あつ》めて持《も》ってきた犯罪《はんざい》の証拠《しょうこ》を見《み》て逮捕《たいほ》をする必要《ひつよう》があるか審査《しんさ》し、その必要《ひつよう》があれば逮捕《たいほ》を認《みと》める許可状《きょかじょう》（令状《れいじょう》）を発布《はっぷ》します。

憲法《けんぽう》では、現行犯《げんこうはん》として逮捕《たいほ》される場合《ばあい》を除《のぞ》いては、**裁判所《さいばんしょ》が発布《はっぷ》する令状《れいじょう》なしに逮捕《たいほ》できないと定《さだ》められている**（第《だい》33条《じょう》　逮捕《たいほ》の要件《ようけん》）ため、**だれしも正当《せいとう》な理由《りゆう》がなければ身体《しんたい》を拘束《こうそく》され刑務所《けいむしょ》に入《い》れられることはありません**（第《だい》34条《じょう》　抑留及《よくりゅうおよ》び拘禁《こうきん》の制約《せいやく》）。

(!) 関連《かんれん》する条文《じょうぶん》…第《だい》32条《じょう》　裁判《さいばん》を受《う》ける権利《けんり》

殺人《さつじん》や窃盗《せっとう》などの刑事事件《けいじじけん》だけでなく、個人間《こじんかん》の争《あらそ》いを解決《かいけつ》するときにも、裁判《さいばん》による救済《きゅうさい》を求《もと》めることができると定《さだ》められています。

まとめ

ひとこと条文《じょうぶん》：第《だい》37条《じょう》　迅速《じんそく》で公平《こうへい》な刑事裁判《けいじさいばん》を受《う》ける権利《けんり》

概要《がいよう》：どんな人《ひと》でも迅速《じんそく》で公平《こうへい》な刑事裁判《けいじさいばん》を受《う》けることができる。

つながり：刑事裁判《けいじさいばん》の被告人《ひこくにん》は、どんな場合《ばあい》でも資格《しかく》を有《ゆう》する弁護人《べんごにん》（弁護士《べんごし》）を依頼《いらい》できる。依頼《いらい》するお金《かね》がない人《ひと》には、国《くに》が弁護士《べんごし》をつけてくれる。

コラム

基本的人権《きほんてきじんけん》と「公共《こうきょう》の福祉《ふくし》」の関係《かんけい》は？

基本的人権《きほんてきじんけん》の尊重《そんちょう》は、日本国憲法《にほんこくけんぽう》の大事《だいじ》な原則《げんそく》の一《ひと》つだよ。

でも、基本的人権《きほんてきじんけん》は「公共《こうきょう》の福祉《ふくし》」に反《はん》しない範囲《はんい》で認《みと》められているよ。

公共《こうきょう》の福祉《ふくし》って言葉《ことば》を、聞《き》いたことはある？

憲法《けんぽう》の条文《じょうぶん》の中《なか》に出《で》てきました。

みんなのためになること、という意味《いみ》だと思《おも》います。

そうだね。少《すこ》し難《むずか》しい言《い》い方《かた》をすると、「社会《しゃかい》全体《ぜんたい》の共通《きょうつう》の利益《りえき》」となる。そもそも、公共《こうきょう》の福《ふく》祉《し》を実現《じつげん》するために国家《こっか》があるから、公共《こうきょう》の福祉《ふくし》のためにならない活動《かつどう》は、国家《こっか》はやってはいけないんだ。

憲法第《けんぽうだい》13条《じょう》では、すべて国民《こくみん》の権利《けんり》は「公共《こうきょう》の福《ふく》祉《し》に反《はん》しない限《かぎ》り」尊重《そんちょう》されると定《さだ》められていると学《まな》びました。公共《こうきょう》の福祉《ふくし》は人権《じんけん》より大事《だいじ》なんですか？

そういうわけではないんだ。公共の福祉を実現する場合《ばあい》にも、人権《じんけん》を制限《せいげん》してはならないのが原則だ。やむを得《え》ず人権《じんけん》を制限《せいげん》する場合《ばあい》は、それぞれのケースでしっかり審査《しんさ》しなければならないよ。

例《たと》えば、人権《じんけん》が制限《せいげん》されるのはどんなときですか？

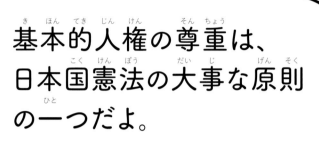

具体例《ぐたいれい》で考《かんが》えてみようか。例《たと》えば、Aさんが医者《いしゃ》になるのが夢《ゆめ》だったとする。Aさんには職業選択《しょくぎょうせんたく》の自由《じゆう》が保障《ほしょう》されているけれど、Aさんが医者《いしゃ》の免許《めんきょ》をもたずに医者《いしゃ》として仕事《しごと》をはじめてしまったらどうだろう？

これは認《みと》められない気《き》がします。何《なに》も知《し》らずに治療《ちりょう》を受《う》けた患者《かんじゃ》さんの命《いのち》や健康《けんこう》を害《がい》するおそれがあるからです。

そうだね。だから、資格《しかく》のない人《ひと》が医者《いしゃ》になるのを法律《ほうりつ》で禁止《きんし》している。これはAさんの職業選択《しょくぎょうせんたく》の自由《じゆう》を制限《せいげん》しているけれど、Aさんにとって不公平《ふこうへい》とはいえないよね。

公共《こうきょう》の福祉《ふくし》は、人権《じんけん》と人権《じんけん》がぶつかったときに、調整《ちょうせい》する役割《やくわり》をもっているんですね。

同《おな》じような例《れい》は、他《ほか》にもあるよ。例《たと》えばBさんは自分《じぶん》の土地《とち》に家《いえ》を建《た》てて住《す》んでいたけれど、ある日《ひ》、新《あたら》しく道路《どうろ》を通《とお》すために国《くに》や市《し》から立《た》ち退《の》きを求《もと》められた。この場合《ばあい》はどうかな？

Bさんには、居住《きょじゅう》・移転《いてん》の自由《じゆう》と、自分《じぶん》の土地《とち》を自由《じゆう》に利用《りよう》・処分《しょぶん》できる財産権《ざいさんけん》が保障《ほしょう》されていますよね。

一方《いっぽう》、新《あたら》しく道路《どうろ》を通《とお》すことには、地域《ちいき》の産業《さんぎょう》に役立《やくだ》つとか渋滞《じゅうたい》がなくなるなど、社会全体《しゃかいぜんたい》の共通《きょうつう》の利益《りえき》があると思《おも》います。

そうだね。このような場合《ばあい》、失《うしな》う財産《ざいさん》に見合《みあ》った補償《ほしょう》をきちんとした上《うえ》で、Bさんの土地《とち》を公共《こうきょう》のために用《もち》いることができる。これも「公共《こうきょう》の福祉《ふくし》」のあらわれだね。

大体《だいたい》のことが、公共《こうきょう》の福祉《ふくし》のために制約《せいやく》を受《う》ける気《き》がしてきました……。

そんなことはないよ。**思想《しそう》・良心《りょうしん》の自由《じゆう》などの「内心《ないしん》の自由《じゆう》」は制約《せいやく》が許《ゆる》されない権利《けんり》**だ。また、生存権《せいぞんけん》は条件《じょうけん》をみたす場合《ばあい》は必《かなら》ず保障《ほしょう》しなければならない。

人権《じんけん》の種類《しゅるい》によって、制約《せいやく》されるかどうかも変《か》わってくるんですね。

そうだね。経済《けいざい》に関《かん》する人権《じんけん》が制約《せいやく》を受《う》けた場合《ばあい》、お金《かね》で補償《ほしょう》を受《う》けることもできる。でも、精神的《せいしんてき》な自由権《じゆうけん》に対《たい》する制約《せいやく》を受《う》けた場合《ばあい》、お金《かね》で解決《かいけつ》することはできない。だから、より慎重《しんちょう》に考《かんが》えるべきなんだ。

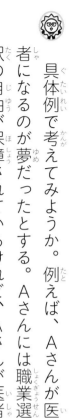

NDC323

ないとどうなる？　日本国憲法

第2巻

自分らしく生きるために　～基本的人権の尊重～

Gakken　2024　48P　28.5cm

ISBN 978-4-05-501427-4　C8032

監修《かんしゅう》

木《き》村《むら》 草《そう》太《た》

1980年《ねんう》生まれ。憲法学者《けんぽうがくしゃ》。

東京大学法学部《とうきょうだいがくほうがくぶ》を卒業《そつぎょう》した後《あと》、現在《げんざい》は東京都立大学《とうきょうとりつだいがく》で教授《きょうじゅ》をしている。研究《けんきゅう》テーマは平等原則《びょうどうげんそく》、差別《さべつ》されない権利《けんり》、思想《しそう》・良心《りょうしん》の自由《じゆう》、地方自治《ちほうじち》、子《こ》どもの権利《けんり》など。

テレビやラジオなどのメディアにも多《おお》く出演《しゅつえん》し、子《こ》どもから大人《おとな》まで、幅広《はばひろ》い世代《せだい》に法教育《ほうきょういく》を行《おこな》っている。

趣味《しゅみ》は将棋《しょうぎ》。

執筆協力
有限会社 マイプラン
株式会社 シー・キューブ

デザイン
大岡喜直、相京厚史（next door design）

イラスト
くにともゆかり

編集協力
高木直子
中屋雄太郎
野口光伸
佐藤由惟

企画
樋口亨

権利《けんり》が守《まも》られている
ことがわかったよ！
憲法《けんぽう》について
よくわかったかな？

2024年2月27日　第1刷発行

発行人　土屋徹
編集人　代田雪絵
編集担当　樋口亨、小野優美

発行所　株式会社Gakken
〒141-8416
東京都品川区西五反田2-11-8
DTP　株式会社 四国写研
印刷所　宏和樹脂工業 株式会社（表紙）
大日本印刷 株式会社（本文）

この本に関する各種お問い合わせ先
- 本の内容については、下記サイトのお問い合わせフォームよりお願いします。
https://www.corp-gakken.co.jp/contact/
- 在庫については
Tel 03-6431-1197（販売部）
- 不良品（落丁、乱丁）については
Tel 0570-000577
学研業務センター
〒354-0045 埼玉県入間郡三芳町上富279-1
- 上記以外のお問い合わせは
Tel 0570-056-710（学研グループ総合案内）